mit Zeithosen

Bildern

von

unserem

"Chef"

Ich danke Ihnen
für Ihre
umfangreiche
&
ausführliche
Belehrung.

Los Balotar

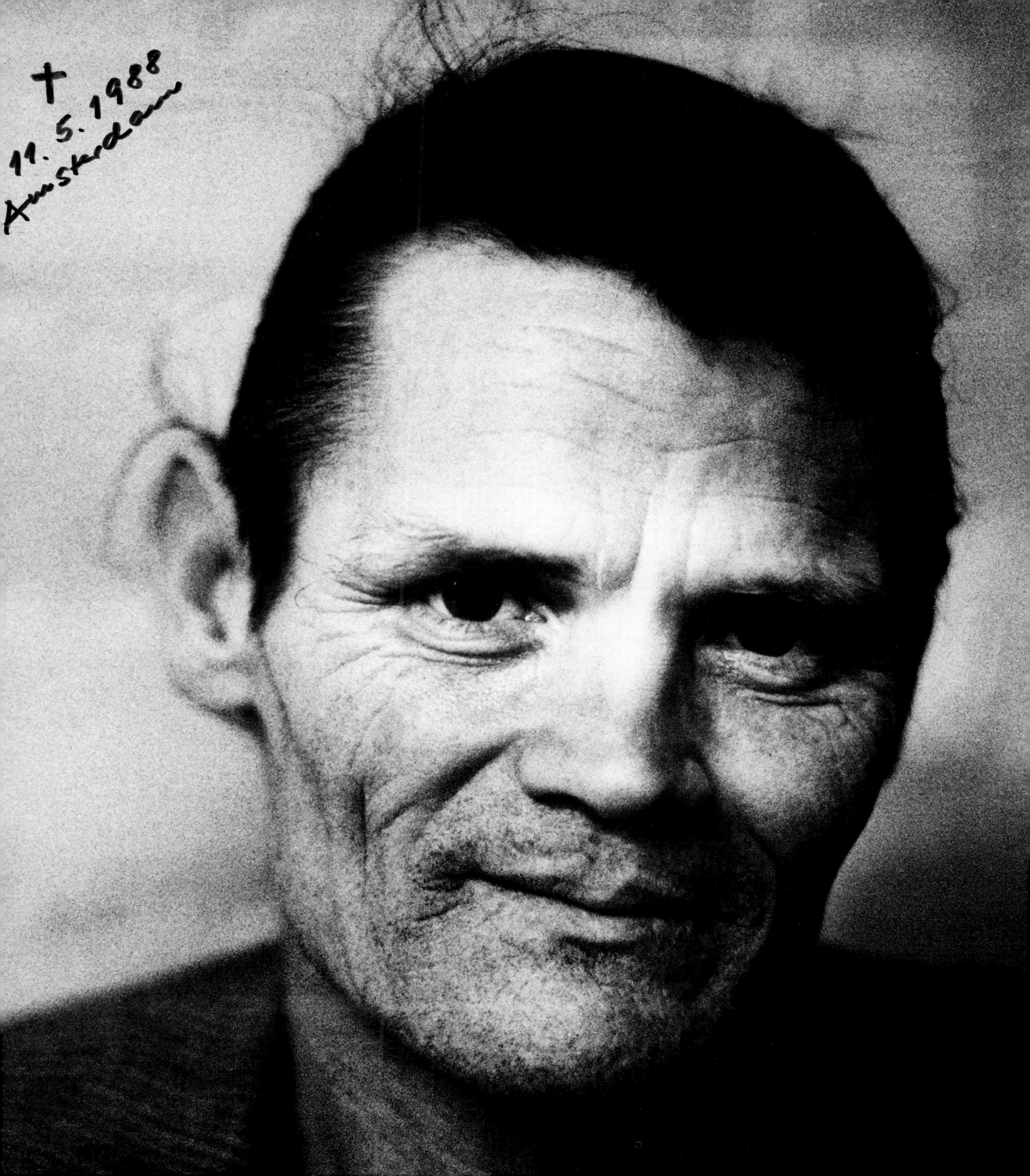

Young Chet

Young Chet

Der junge Chet Baker
photographiert von William Claxton
Mit einem Vorwort von Christian Caujolle
und Texten von William Claxton

SCHIRMER/MOSEL
MÜNCHEN · PARIS · LONDON

Jazz ist musikalische Improvisation;
er ist die Kunst des Augenblicks.
Bei Einspielungen von Jazzmusik
werden die Inspiration und
der Erfindungsreichtum dieses Augenblicks
mit Hilfe technischer Mittel festgehalten,
damit man sich noch viele Jahre nach
dem Vortrag daran erfreuen kann.

Photographie ist Jazz für das Auge.

William Claxton

Inhalt

CHRISTIAN CAUJOLLE
Vorwort
7

WILLIAM CLAXTON
Young Chet – Eine photographische Erinnerung
13

Chet und Bird
15

Chet und die Kamera
19

Chet und Gerry
26

Chet und Russ
40

»Jetzt will er singen!«
55

Chet, Charisma und das Gesetz
73

Chet und seine Prioritäten
88

Chet und die Androgynie
94

Dank
110

Chets Mundstück.

Vorwort

CHRISTIAN CAUJOLLE

ER war ein Engel. Oder genauer gesagt, er hatte ein Engelsgesicht. Eines dieser unvergeßlichen Gesichter, die einen sogleich, wenn man sie sieht, mit einer seltsam magischen Kraft anziehen, was man wohl Präsenz nennen muß, und die einen gleichzeitig daran denken lassen, daß Engel meist von ihrem Fall bedroht sind.

Engel haben also als Kehrseite ihres Glanzes den Fall, aber niemand ist dazu verurteilt, es sei denn, er wäre masochistisch veranlagt, dieser unvermeidlichen Anziehungskraft der Zerstörung nachzugeben, die vom ersten Augenblick an von der höchsten Steigerung der Schönheit ausgeht. Wir haben uns, da die alten, schon klassisch gewordenen Bilder ihn in der Ambivalenz seines angelischen Wesens zeigen, das ihm so gut stand, entschieden, uns auf die Sicht des »young« Chet Baker zu beschränken, des außergewöhnlichen Musikers, Stimme und Trompete im wechselhaften Einsatz, den Körper im Rhythmus mitschwingend und einen unverschämten Hochmut an den Tag legend. Es geht nicht darum, die Falten zu leugnen, das zeitlose Gesicht eines alten Indianers, den zögernden Gang, der Spuren sucht und die Fehltritte eines reifen Mannes findet, den der Tod zähmt. Es geht nicht darum, die Eingebungen und die Irrtümer, die Erfindungen und die tragische Schönheit einer Verzweiflung zu leugnen, die in Amsterdam an einem Freitag dem dreizehnten, an einem Abend übermäßigen Drogenkonsums und tiefer Erschöpfung dem Jazz und den Tourneen ein Ende gemacht hat. Und es geht auch nicht darum, sich mit Prüderie von den notwendigen »Defekten« fernzuhalten, aus denen Chet seit jeher die Inspiration schöpfte, seinem Blech und seinen Stimmbändern die Verrenkungen, Verführungen, Zärtlichkeiten und Übertreibungen einzugeben, die ihn zu einer »Kultfigur« des Jazz gemacht haben. Einer Kultfigur aufgrund seines Gesichtes, aufgrund der Strukturen, die er brach, um sie wieder aufzubauen, der Fähigkeit, sich in Frage zu stellen, um die Formen des Zusammenklangs zu sprengen, der Fähigkeit, Trends und Moden zu kreieren, ohne darauf abzuzielen.

Sein Vater, ein Landarbeiter, rauchte Marihuana und klimperte auf der Gitarre. Chesney H. Baker tauschte sehr schnell die Posaune gegen eine Trompete und den Joint gegen harte Drogen. Er machte daraus einen Lebensstil und krepierte daran, nachdem er uns damit erfreut hatte. Denn er machte uns ein Geschenk, ohne eine Gegenleistung zu erwarten. Denn er pfiff ganz einfach auf alles, was nicht mit seinem persönlichen und seinem körperlichen Einsatz zu tun hatte. Diesem unnachahmlichen körperlichen Einsatz zum Beispiel, wie er sich, selbst wenn er mit Drogen bis obenhin zu war, dem Bühnenrand näherte und, wenn alle schon dachten, er würde gleich hinunterstürzen, blecherne Begeisterung und seltsam gedämpftes Erstaunen ausstieß.

Von jenem Chet, den wir auf einigen europäischen Bühnen und einmal jenseits des Atlantik gesehen haben, wird nicht die Rede sein. Lassen wir ihn dem zweifelhaften ästhetischen Empfinden gewisser Leute, die, da es ihr Beruf ist, die Schönheit – der Männer – zu stylen und das für die Trends wichtige Begehren zu inszenieren, ein Geschäft daraus machen, mit Faszination den Verfall eines frühzeitig gealterten Mannes zu verfolgen, der niemanden um etwas gebeten hat, außer um ein paar Dollar, um seine tägliche Dosis zu bezahlen.

»Young Chet«, das ist eine auf Film verewigte Geschichte einer Begegnung, eines Dialogs zwischen einer Person und einem Blick, zwischen zwei vitalen Energien, die gemeinsam ihre Jugend im Rhythmus der Musik zubrachten. William Claxton ist es gelungen, wohl weil es sich nicht um ein Geschäft, sondern um eine von Leidenschaft bestimmte Arbeit handelte, Bilder, Augenblicke, Anekdoten, Momente einzufangen, die die Erscheinungen des Engels festhalten und zum Teil auch erstehen lassen.

Doch was sind das eigentlich für Photos? Portraits – in der kitschigsten Harcourt-Manier, bei seinem erneuten Besuch der Südstaaten, und genauso kitschige Doppelbelichtungen für die Werbung – und Erinnerungen an historische Musikaufnahmen, von denen niemand ahnte, daß sie der Nachwelt erhalten bleiben würden. Dann Momente inniger Verbundenheit, die nicht dauern sollten, auch wenn sie zärtlich und romantisch waren. Und schließlich Aufnahmen von Auftritten in Bars, Gage inbegriffen, die weder Talent noch Großzügigkeit verhinderten. All das wurde in Form gebracht von dem Blick eines jungen Mannes, der ebenfalls noch nicht weiß, daß er einmal zu einer Legende werden würde. Denn der junge William Claxton, ein passionierter Musikstudent, der die Bühne durch das Objektiv seiner alten Rolleiflex, die ihm Richard Avedon geschenkt hat, betrachtet, ist zugleich Zeuge und Chronist dieser Jazzbewegung der fünfziger Jahre. Er versteht es, das Licht einzufangen, den richtigen, unaufdringlichen Ausschnitt zu wählen und die Bilder des Jazz zum Sprechen zu bringen. Er versteht es so gut, daß Dick Bock ihn, als er ihm begegnet, sofort für die Lancierung der neuen Plattenfirma, Pacific Jazz Records, verpflichtet. William Claxton schießt die Photos und macht die Plattenhüllen, heute begehrte Sammlerstücke, und begründet damit eine neue Bildkunst des Jazz, dynamisch und modern. Und es ist natürlich er, der Chets Image aufbaut.

Nicht die geringste Spur von drohendem Unheil in diesem Ganzen, das uns einen jungen Mann von zerstörerischer Schönheit zeigt – und man wird sich noch lange an die Art erinnern, wie dieser Engel hinter der Bühne die jungen Gänse mit abschätzendem Blick musterte, die offensichtlich bereit waren, sich ihm hinzugeben –, dem es natürlich willkommen ist, einen Platz unter den Größten einzunehmen. Beim Betrachten der Bilder hat man ständig das Gefühl, daß der junge Chet keinerlei Anstrengungen macht, daß er einfach sein Talent sprechen läßt, daß er den Raum mit seinem perfekten Körper und seinem verführerischen Gigolo-Gesicht ausfüllt.

Übrigens, über sein Gesicht muß man reden. Denn es verändert sich dauernd. Immer schön, außerhalb der gängigen Vorstellungen, immer wieder anders, gewissermaßen ein Mittel der Provokation, um all jene zu verdammen, deren Wertschätzung auf ihrem Begehren oder ihren ästhetischen Kriterien basiert. Chet Baker, der junge Chet, ist, das ist nicht zu leugnen, sexy und nicht einzuordnen, ein schöner Mann, den der Wechsel des T-Shirts oder eine neue Frisur beliebig verwandeln. Im Gras liegend, präsentiert er sich in der Pose eines schmachtenden Schönlings, doch schon ein paar Tage später erscheint er als Kraftprotz mit hervortretenden Muskeln, bevor er sich unter der Einwirkung einer anderen Beleuchtung in einen geistvollen Vorgänger von David Bowie oder in eine archetypische Reinkarnation von James Dean verwandelt.

Und immer denkt man an James Dean – als könnte es einen James Dean des Jazz geben –, da er ebenfalls eines gewaltsamen Todes stirbt, indem er dreißig Jahre nach dessen Autounfall aus dem zweiten Stock eines Hotels fällt. Man denkt an ihn wegen der Schönheit, wegen dieser Mischung aus Trägheit und Bestimmtheit in seiner Art, sich zu geben, die über die körperlichen Eigenschaften hinaus eine Form plastischer und wirklich physischer Schönheit bilden. Man denkt an ihn, weil Chet ganz schlicht und einfach einen Traum männlicher Schönheit verkörpert. Jene, die wohl ein Bruce Weber im Kopf hatte, als er seinen Verfall dokumentierte... Man denkt auch an ihn, weil er es verstanden hat, neben Gerry Mulligan eine absolut überraschende Kunst des Kontrapunktes einzuführen und weil er, wie Francis Marmande hervorhebt, dem Jazz eine Weiblichkeit gegeben hat, die unvergleichlich ist. Es ist dies seine Art, seine Stimme einzusetzen, um zu verführen, und seinen Körper darzubieten, um ihn bewundern zu lassen, was schon immer in der Musik lag. Seine Art von Zwanglosigkeit, die einen ständig an den eigenen Leitlinien zweifeln läßt. Chet Baker, das ist in jeder Hinsicht eine Art, einen in seinen Hörgewohnheiten zu stören, eine Fähigkeit, ein Tempo zu verstärken, wenn man denkt, im Rhythmus zu sein, eine Aufforderung, wegen einer zu hohen Note nachzudenken, eine zu lange Pause, ein zu akzentuierter Hüftschwung. Die Rockmusiker haben es schnell gelernt und von ihm die Exzentrizität seines Auftretens, das ihm so natürlich war, abgeschaut oder die abgehackten Rhythmen, die er mit den fest vorgegebenen Strukturen des Jazz verband. Der junge Chet Baker ist jener der Sehnsucht, und auch jener vor dem Erfolg, der dabei ist, seinen Musikstil zu entwickeln. Er ist jener des stillen Einverständnisses zwischen einem jungen Photographen und einem jungen Trompeter, der nicht zögert, mit seiner Stimme zu bezahlen. Er ist eine Gesamtheit von Vergnügungen.

Wenn man sich Körper, Auge, Ohr, Trompete und Objektiv vor Augen führt, findet man sich mit Erinnerungen wieder. Mit Lichtblicken. Mit einem immer jungen Chet Baker. Mit einem lebendigen Jazz und einer immer wirkungsvollen und unverfälschten Photographie. Es ist blöd, aber es macht Spaß. Und man fährt fort in dem von Chet modifizierten Rhythmus von *My Funny Valentine*.

Man blättert die Bilder durch, eins nach dem anderen, wie man eine Abfolge von Noten spielt, den Kopf voll mit Erinnerungen, mit Rauchschwaden in den Bars, mit annähernder Harmonie, mit Momenten inneren Einverständnisses, in denen, wenn einer der Musiker ein anderes Tempo anschlägt, die anderen einstimmig ihre Antwort darauf geben. Und man denkt an diesen natürlichen Dialog zwischen einem Auge und einer Trompete: »Bill« Claxton, »young Bill« mit seinen Apparaten, der ein untrügliches Gespür für Posen und Beleuchtungen hat, der es immer versteht, den richtigen Augenblick zu erwischen, ohne die Gruppe zu stören oder Young Chet zu unterbrechen. Es gibt in diesen Bildern eindeutig eine Dimension, eine sowohl körperliche als auch musikalische, der Auseinandersetzung zwischen zwei Personen, die unbeschwert die Wege gehen, die sich ihnen auftun. Einen Dialog zwischen einer von Chet in jedem Augenblick angestachelten Begierde und der ruhigen Annäherung von Bill. Sie beide spielen eine unwahrscheinliche Ballade, die ihre verliebten Körper vereinigen wird, untermalt von Trompetenklängen, die sich in ein Lamento verwandeln, und einer Stimme, die einige romantische Worte moduliert.

Diese Geschichte ist eine Geschichte von Bildern. Aber nicht allein wegen des Photographen, der Jagd macht auf mögliche Motive und dessen Zugang sowohl auf rein beruflichen Interessen als auch echten Gefühlen beruht, sondern auch, weil Chet in jedem Augenblick ein Bild ist. Engel, Dämon, zu kurze Haare, die Bananen-Tolle, einfühlsamer Liebhaber, weißer Pullover, schwarzes Bühnenkostüm, Mund von genau der richtigen Sinnlichkeit, offensichtliche Entspannung, er nimmt jeden Raum ein und verwandelt ihn zu einem Rahmen für sich selbst. Zu schön. Zu verführerisch. Zu begehrenswert. Einfach zu Chet.

Dieses Buch ist ein klingendes Buch. Es hallt auf jeder Seite das Echo einer unwiderstehlichen Verlockung wider: »I'm a fool to want you/Such a fool to want you.«

Young Chet –
Eine photographische Erinnerung

DIESES Buch behandelt nur einen kurzen Abschnitt von Chet Bakers Karriere, die Jahre von 1952 bis 1957. Ich glaube, es waren die besten Jahre für seine Musik – die erste vielversprechende, stilbildende Periode – und ganz sicher auch für seine physische Erscheinung. Er war ein junger, strahlender Stern und stand an der Schwelle zu noch größerem Ruhm.

In der Rückschau und vor allem beim Wiederhören seiner Musik erscheint Chet, trotz aller Belastungen seines privaten Lebens, als einer der besten Solisten des Jazz. In späteren Jahren gerieten seine Auftritte manchmal etwas exzentrisch, aber selbst dann blieb seine Musik noch lebendig und fesselnd. Verglichen mit Virtuosen wie Dizzy Gillespie, Maynard Ferguson oder den phantastischen Brüdern Candoli waren seine Technik und der Tonbereich, in dem er sich bewegte, eher bescheiden. Chet suchte nur selten Zuflucht zu Disharmonien oder Klangverzerrungen, um auf Kosten der Melodie einen neuen Effekt zu erreichen. Seine Phrasierung war einzigartig, locker und intuitiv und verriet einen hohen Grad an Musikalität.

Offensichtlich liebte er Melodien, und wie kaum ein zweiter Instrumentalist, der auch Lieder sang, schenkte er den Texten seine Aufmerksamkeit. Er benutzte seine Stimme nicht als Instrument, wie andere es ihm vorgemacht hatten. Chets Gefühl und Wertschätzung für einen Song wären für jeden Komponisten eine Freude gewesen. Er versuchte es erst gar nicht mit den Texten und Melodien eines Hart, Gershwin oder Porter. Sein Gesang war wie sein Spiel: sensibel, ehrlich, oft zurückhaltend und, wie Charlie »Bird« Parker einmal zu mir sagte, »klar und einfach«. Gut für einen Jazzmusiker. Gut für den Jazz überhaupt.

Man sollte nicht vergessen, daß ich Photograph und kein Musiker bin, aber ich bin ein Photograph, der die Musik liebt – die Worte wie die Noten – und der die Leute liebt, von denen die Musik gemacht wird. Ich versuche Abbilder von diesen Künstlern herzustellen, Abbilder, die dem Betrachter vielleicht dabei helfen, die Musik ein bißchen besser zu verstehen, an denen er aber auch seine Freude haben soll.

William Claxton
Beverly Hills, 1993

Chet und Bird

BIRD beantwortete meine Frage kurz und knapp: »Klar und einfach!« Ich hatte Charlie Parker gefragt, warum er aus einer Vielzahl von Trompetern gerade Chet Baker für sein Engagement im Tiffany Club ausgewählt habe. Das war im Juni 1952. Bird fuhr fort: »Dieser junge Dandy, weißt du, der hat eben klar und einfach gespielt. Irgendwie war das seine Art, und so war auch seine Musik; das hatte ich nach den ersten paar Takten raus. Ich wußte, der war richtig.«

Ich studierte zu der Zeit noch am College und war ein blutiger Anfänger der Photographie. Um in den Tiffany Club an der 8. Straße in Los Angeles zu gelangen, hatte ich mir den Wagen meines Vaters ausgeliehen. Ich wollte den legendären Bird sehen und womöglich auch photographieren. Meine Kamera war damals ebenfalls ausgeliehen, eine alte 4 x 5 Speed Graphic – ein Relikt aus dem Zweiten Weltkrieg, nehme ich an. Eine moderne, kompaktere Ausrüstung konnte ich mir noch nicht leisten. Wenn ich bei meiner Arbeit diesen riesigen, klapprigen Kasten mit Blitzlichtbirnen und herunterbaumelnden Verlängerungsschnüren in die Höhe stemmte, um meine Photos zu schießen, lachten meine Freunde und meinten, ich sähe aus wie ein Kriminalreporter: ein junger, ziemlich lang und mager geratener Weegee.

Nachdem ich mich Jack Tucker, dem Besitzer des Clubs, vorgestellt hatte, fragten wir bei Bird an, ob ich ihn während des Sets, den sie gerade spielten, photographieren dürfte, und er gab uns mit einem Kopfnicken sein »Okay«. Hinter Bird tummelten sich auf der Bühne der Bassist Harry Babison, Don Trenner am Piano, Lawrence Marable am Schlagzeug und der Trompeter Chet Baker, der sehr ernst und sehr jung aussah. Mein erster Eindruck war, daß Chet sich ein bißchen wie Miles Davis anhörte, wenn auch melancholischer im Klang und im Feeling.

Wir photographierten an diesem Abend die beiden letzten Sets und blieben bis in die frühen Morgenstunden, als immer noch andere Musiker hereinschauten, in der Hoffnung, einmal beim großen Bird mitmachen zu dürfen, der einfach phantastisch spielte. Entgegen allen Gerüchten, die zu jener Zeit kursierten, wirkte er gesund und munter. Mit verschiedenen Musikern »jammte« er bis drei Uhr in der Früh, sehr zur Freude seiner jungen Bewunderer. Nach dem letzten der improvisierten Sets standen wir noch alle auf dem Gehsteig vor dem Club zusammen. Chet verabschiedete sich und verschwand mit einer hübschen Blonden in der Nacht.

Bird klagte über Hunger und wollte gern etwas essen, aber die Straßen und die Restaurants waren dunkel. Er hatte Gefallen an mir gefunden, also lud ich ihn zusammen mit ein paar anderen jungen Fans ins Haus meiner Eltern ein und versprach, ihm etwas zum Frühstück zu machen. Er lächelte und sagte: »Das ist ein Wort!« Wir kletterten in Dads großen Packard und fuhren nach La Canada, einem gutbürgerlichen Wohnviertel in den Hügeln um Pasadena. Meine Eltern waren an diesem Wochenende verreist.

Mein Gast blieb die restlichen Stunden bis zum Morgengrauen und dann noch den ganzen Sonntag über bis zum späten Abend. Wir bewirteten ihn und behandelten ihn wie einen König. Wenn wir nicht gerade im Pool schwammen oder etwas aßen (er hatte einen ungeheuren Appetit!), thronte er wie Buddha in einem riesigen Clubsessel und wir, seine jungen Fans, scharten uns zu seinen Füßen. Er unterhielt uns großartig mit Geschichten über seine Arbeit und dem neuesten Klatsch über Berufskollegen.

Bird mit Chet und dem Bassisten Harry Babison im Tiffany Club,
Los Angeles, Juni 1952.

Bird hatte nicht allzuviel Schulbildung mitbekommen, aber er war außerordentlich intelligent und schnell und konnte gut mit Worten umgehen. Er drückte sich sehr anschaulich aus. Wenn ihm für die Beschreibung von etwas ein Wort fehlte, dann erfand er einfach eines, das ganz und gar passend klang. Als er den Ausdruck »bixelated« prägte, kam uns das absolut logisch vor. Er sagte das in dem bereits erwähnten Gespräch über Chet Baker. Die Fortsetzung seiner Antwort lautete nämlich: »... ja, dieser kleine weiße Dandy ist vielleicht 'n bißchen ›bixelated‹ – wißt ihr, er hat was von Bix Beiderbecke. Erinnert mich an die alten Bix-Platten, die meine Mama mir immer mitgebracht hat. Chet bläst so wie Bix, 'n bißchen leise und sanft, aber doch ehrlich und direkt.«

Nachdem wir diese Worte aus Birds Mund vernommen hatten, brachten wir alle diesem unverbrauchten jungen Burschen mit seinem strahlenden, typisch amerikanischen Gesicht entschieden mehr Aufmerksamkeit entgegen.

Chet Baker zusammen mit Charlie Parker bei einem »Gene-Norman-Presents«-Konzert im Philharmonic Auditorium in Los Angeles, 1953. Am Piano Jimmy Rowles, am Bass Carson Smith.

Chet und die Kamera

ERST bei meinem nächsten Zusammentreffen mit Chet Baker sollte ich herausfinden, was das Wort »photogen« wirklich bedeuten kann. An einem Montagabend im Herbst 1952 schnappte ich mir mal wieder meine alte Speed Graphic und machte mich auf den Weg nach Los Angeles, in einen kleinen Nachtclub, der »The Haig« hieß. Es war ein kleiner Bungalow aus den zwanziger Jahren, der zwischen den Hochhäusern am Wilshire Boulevard stand, ganz in der Nähe des berühmten Ambassador Hotels. Gerry Mulligan und sein pianoloses Quartett traten dort auf. Ich hatte so viele Geschichten über den Komponisten und Arrangeur Mulligan gehört, daß ich ihn unbedingt mal auf der Bühne sehen und – natürlich – photographieren wollte. Chet hatte inzwischen sein Engagement bei Bird beendet und sich Mulligans Ensemble angeschlossen.

Als ich an diesem Abend dort eintraf, war die Band bereits mitten in dem Stück *Line For Lyons*, der ersten Nummer, und in dem kleinen Club drängelten sich die Leute. Es war gerammelt voll. Mit Gerry befanden sich auf der winzigen Bühne Bob Whitelock am Bass, Chico Hamilton am Schlagzeug und Chet, der gerade ein wildes, kontrapunktisches Pattern hinter Gerrys klangvollem, swingendem Bariton-Solo blies. Was für ein großartiger und origineller Sound! Das Publikum verharrte in schweigender Andacht. Noch nie hatte ich ein Jazz-Publikum so still sitzen sehen. Ich hatte die Erlaubnis, die Band zu photographieren, während sie spielte, und ich gab mir größte Mühe, weder die Musiker noch das Publikum zu stören.

Los Angeles 1953. Aus diesem winzigen Bungalow wurde ein Jazz Club, den man aus mir unerfindlichen Gründen »The Haig« nannte.

Irgendwann während des Auftritts trat ein junger Mann an mich heran, stellte sich als Richard Bock vor und erklärte mir, daß er hier sei, um die Musik der Band aufzunehmen. Er bat mich, ihm die Photos bei Gelegenheit zu zeigen, weil er sie womöglich für das Plattencover verwenden könne. Ich fragte ziemlich naiv nach, ob er eine Plattenfirma habe. »Nein, noch nicht, aber ab morgen früh hab' ich eine!« Das war die Geburtsstunde der Pacific Jazz Records.

Nach diesem ersten Abend im The Haig beeilte ich mich, nach Hause in meine Dunkelkammer zu kommen, um den Film zu entwickeln. In den frühen Morgenstunden machte ich die ersten Abzüge von Gerry Mulligan und seinem Quartett. Alle vier Musiker waren jung und sahen gut aus. Chico Hamilton war geradezu ein Bild von einem Mann. Aber das Gesicht, das wirklich hervorstach, gehörte dem jungen Trompeter Chet Baker. Als die Bilder im Entwicklungsbad unter der roten Dunkelkammerlampe langsam Gestalt annahmen, ging von Chets Gesicht ein Zauber aus – der Traum eines jeden Photographen – ein photogenes Gesicht! Jetzt wußte ich endlich, was es mit diesem mysteriösen Wort »photogen« wirklich auf sich hatte.

Im Laufe unserer Beziehung – ich hatte Chet inzwischen des öfteren während seiner Plattenaufnahmen photographiert – wurde mir klar, daß er mehr hatte als nur ein photogenes Gesicht: Er besaß ein unglaubliches Gespür für die Gegenwart einer Kamera, von dem die Konzentration auf sein Spiel in keiner Weise beeinträchtigt wurde. Er stellte sich nicht in Pose, aber es machte ihm Spaß, photographiert zu werden. Und zweifellos machte es auch der Kamera Spaß, ihn zu photographieren. Er wußte ganz instinktiv, was er tun mußte, wie er sich zu bewegen hatte, wohin er schauen mußte, um im besten Licht zu erscheinen, und trotzdem bin ich mir bis heute nicht sicher, ob er sich dessen jemals bewußt war.

Eine Anekdote am Rande: Irgendwie ist es Chet immer wieder gelungen, seine Zahnlücke zu verbergen. Solange ich ihn kannte, fehlte ihm vorne ein Zahn, und das ließ ihn charmant und gleichzeitig ein bißchen verwahrlost aussehen. Er hat mir mal erzählt, daß er den Zahn nicht ersetzen wollte, weil er fürchtete, sein Sound könnte darunter leiden. Und auf keinem einzigen der Photos von ihm ist diese Zahnlücke zu sehen.

Jahre später war ich erstaunt und gleichzeitig geschmeichelt, als ich in dem Buch *Appearances* von Martin Harrison auf einen Absatz über den britischen Modephotographen David Bailey stieß. Harrison schreibt über Bailey: »Als er die Schule verließ, wollte er Jazzmusiker werden: Er übte fleißig auf der Trompete und ›betete Chet Baker an‹. 1956 wurde er zur Royal Air Force eingezogen, wo er den Jazz und seine Photographie gut unter einen Hut bringen konnte. Er stand auf den ›coolen‹ Modern Jazz – ›nicht auf traditionellen Jazz, der roch mir zu sehr nach braunen Wildlederstiefeln, Netzhemden und Universitäts-Schals‹ –, und er sammelte importierte Langspielplatten des West-Coast-Labels ›Pacific Jazz Records‹. Die Plattenhüllen, die von William Claxton photographiert und graphisch aufbereitet waren, machten großen Eindruck auf Bailey. Er begann, sich mehr für die Photos als für die Musik zu interessieren, und es waren vor allem Claxtons Plattenhüllen, die Bailey dazu veranlaßten, seinen Ehrgeiz vom Jazz auf die Photographie zu verlagern.«

Tatsächlich war es diese – den Geist der 50er Jahre widerspiegelnde – Kombination aus Image und Sound des Chet Baker, von der viele junge, talentierte Leute dieser Zeit sich beeinflussen ließen.

Großaufnahme von Gerry Mulligan im The Haig Club, Los Angeles, im Juni 1952.

Los Angeles, Herbst 1952. Chico Hamilton,
ein dynamischer, stilsicherer Schlagzeuger,
mit dem Gerry Mulligan Quartett im The Haig.
Chico verließ bald darauf die Band, um sich
Lena Horne anzuschließen. Er wurde durch
Larry Bunker ersetzt.

Seite 22 Im September 1952 schließt Chet sich
Gerry Mulligans pianolosem Quartett an
– ein Entschluß, der Jazz-Geschichte
machen sollte.

Im Mai 1953 machte Dick Bock für sein neugegründetes Pacific-Jazz-Label Aufnahmen vom Gerry Mulligan Quartett mit Lee Konitz. An diesem Abend wurden *Lover Man* und *Too Marvellous For Words* eingespielt.

Chet und Gerry

DIE Auftritte mit Charlie Parker haben Chet viel Anerkennung in der Welt des Jazz eingebracht, aber das breite Publikum schenkte ihm noch keine besondere Beachtung. Im Sommer 1952 war Chet zusammen mit Bird überall an der Westküste unterwegs, bis hinauf nach Kanada. Er erzählte mir, daß Bird wie ein Vater zu ihm gewesen sei. »Er hat mich nie schlecht behandelt, wie ein paar von den anderen Jungs ... und immer wieder hat er mir eingetrichtert, die Finger von den Drogen zu lassen.«

Als Chet sich Gerry Mulligans Formation anschloß, war das ein wichtiger Schritt in seiner Karriere, vielleicht der wichtigste überhaupt. Diese Montagabende im The Haig, wo sie später jeden Abend auftraten, rückten ihn ins Rampenlicht. Damals wurde ein Stück Jazz-Geschichte geschrieben. Gerrys musikalische Disziplin und seine überragende Fähigkeit zum Arrangement, kombiniert mit Chets angeborenem Sinn für lyrische Stimmungen, machten aus dem pianolosen Quartett eine außergewöhnliche, dynamische Formation, Chets Sprungbrett für eine phantastische und stürmische Karriere.

Chesney Henry Baker wurde am 23. Dezember 1929 in Yale, Oklahoma geboren. Er war gerade elf Jahre alt, als seine Familie nach Glendale in Kalifornien umzog, wo sein Vater Arbeit in der Flugzeugindustrie gefunden hatte. Sein Vater spielte Gitarre und war ein großer Fan von Jack Teagarden. Er kaufte seinem Sohn eine Posaune, aber Chet probierte noch andere Instrumente durch und entschied sich dann für die Trompete. Er spielte in der Marschkapelle und dem Tanzorchester der High School Trompete, bevor er 1946 zur Army eingezogen wurde. Fast zwei Jahre lang gehörte er der 298th Army Band in Berlin an. Nach seiner Entlassung ging er zurück nach Los Angeles und studierte am El Camino College Musik. Er schloß sich wieder der Army an, um bei der Presidio Army Band in San Francisco mitspielen zu können. Später hatte er mit verschiedenen Jazzformationen Auftritte in San Francisco und Los Angeles, bis schließlich Charlie Parker auf ihn aufmerksam wurde und ihn im Juni 1952 in seine Band holte. Nachdem er sich im Herbst 1952 Gerry Mulligan angeschlossen hatte, blühte Chet zu einem der großen Talente der Jazzmusik auf. Gerry erkannte sofort, was in ihm steckte: »Ich weiß, daß alle Welt zu glauben scheint, Chet hätte sich seinen Stil bei Miles Davis abgeguckt, aber ich war eher der Meinung – und bin es heute noch –, daß er einen ganz eigenen, phantastischen und einzigartigen Stil entwickelt hat.«

Die wunderbare musikalische Beziehung zwischen Gerry und Chet dauerte nur ein einziges, aufsehenerregendes Jahr lang. Sie wurde unterbrochen, als Gerry unter Anklage des Drogenmißbrauchs festgenommen und auf »Sheriff's Honor Farm« geschickt wurde, eine Form des offenen Strafvollzugs auf Ehrenwort. Während Gerry aus dem Verkehr gezogen war, spielte Chet mit verschiedenen Bands und hatte ein festes Engagement mit Stan Getz im Zardi's Club in Hollywood. Jahre später hat Stan mir einmal erzählt, wieviel Spaß es ihm machte, in dieser frühen Zeit mit Chet zu spielen: »Ich stand total drauf, mit Chet zusammenzuspielen; er hatte ein unheimlich gutes Stilgefühl und wußte genau, wann er sich zurücknehmen mußte. Er war eine echte Ergänzung zu meinem Spiel.«

Als Gerry ins zivile Leben zurückkehrte, mußte er feststellen, daß Chet die Polls der Fachzeitschriften *Down beat* und *Metronome* zum besten Nachwuchsmusiker und zum besten Trompeter der Jahre 1953 und 1954 gewonnen hatte. Es wird wohl so gewesen sein, daß Chet von Gerry für eine Rückkehr in das Quartett wesentlich mehr Gage verlangte, und als Gerry die Forderung ablehnte, beschloß Chet, auf eigene Faust eine Band zusammenzustellen. Zu diesem Zweck erneuerte er unverzüglich seine alte Freundschaft mit dem Pianisten Russ Freeman.

Chet mit Gerry Mulligan am Piano bei einer Jam Session in einem Landhaus in Pasadena, Kalifornien, im Sommer 1953. Es war eine wunderbare Versammlung zukünftiger Jazz-Größen.

Bei der Jam Session in Pasadena: (von links nach rechts) Komponist/
Arrangeur Frank Campo, Dick Bock und sein neuer Star Chet Baker.

28

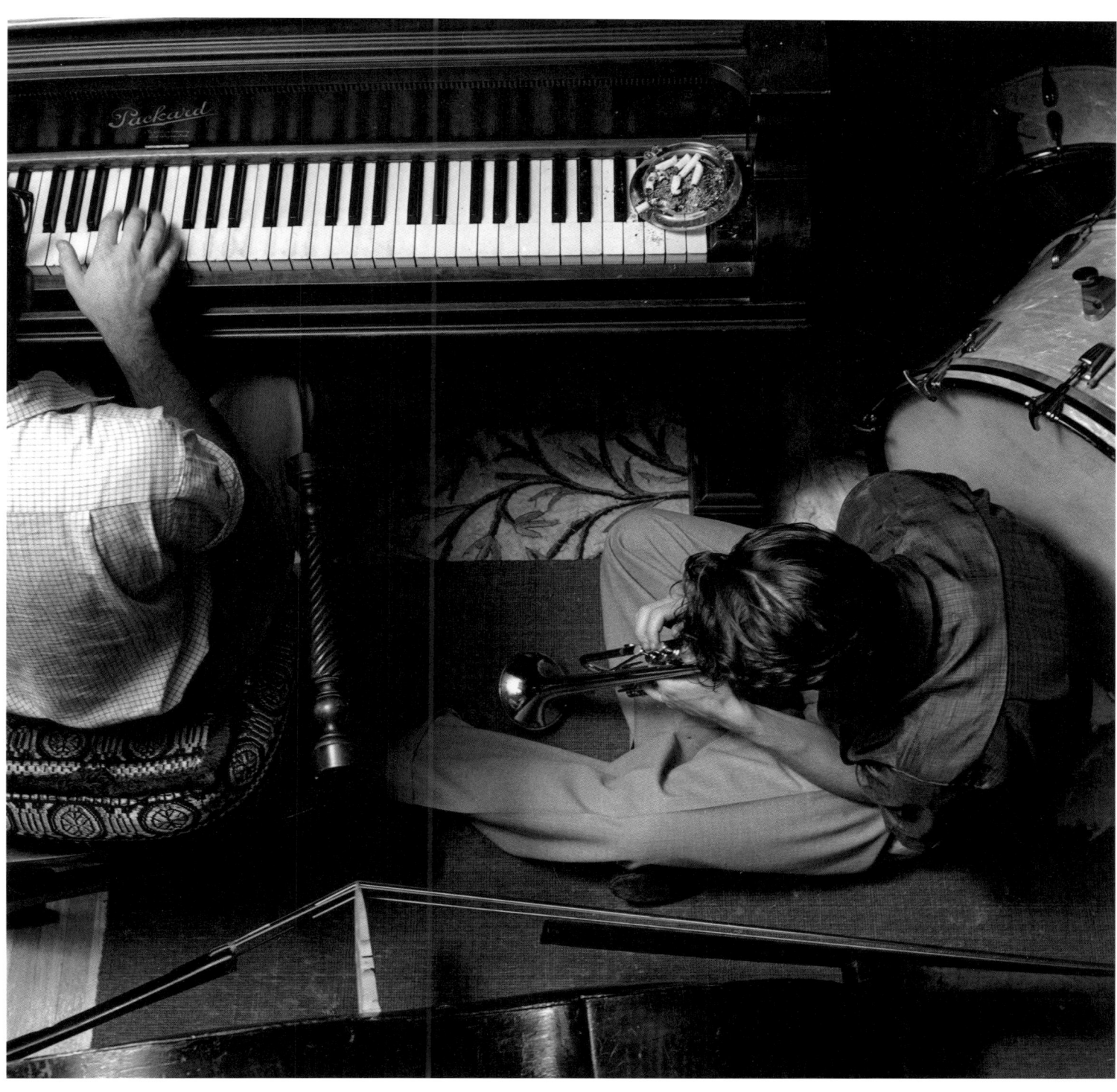

Chet Baker, Trompete, und Teddy Charles am Piano bei der Jam Session in Pasadena.

Shelly Manne, Schlagzeug und Carson Smith, Bass. Ich wünschte,
Dick Bock hätte diese Jam Session auf Band mitgeschnitten.

In den frühen Morgenstunden stoßen noch Frank Morgan,
Altsaxophon, und Sonny Clark, Piano, dazu.

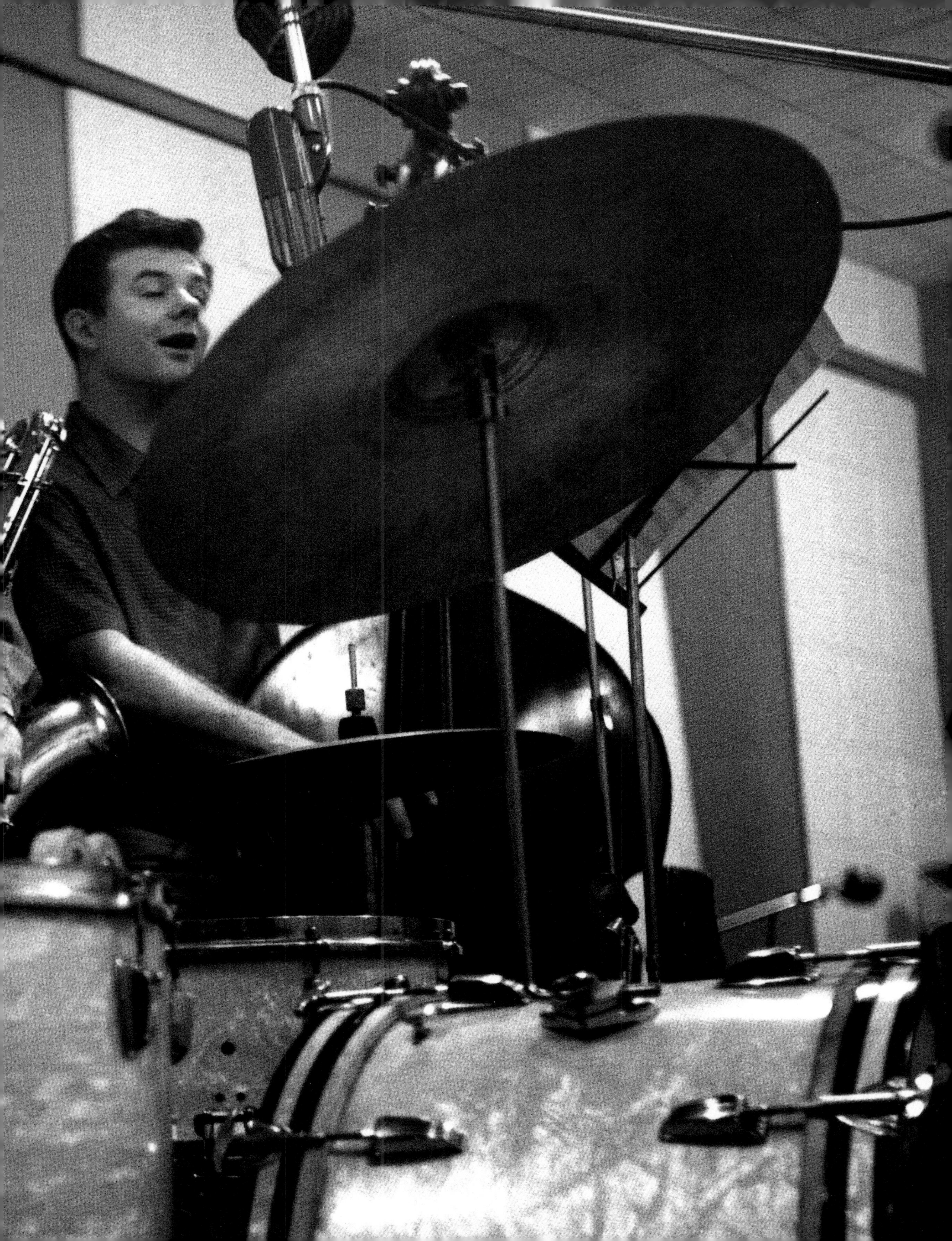

Seite 32/33 Das »Gerry Mulligan Quartett« bei Aufnahmen in den Gold Star Studios in Hollywood im Februar 1953; mit Gerry, Baritonsaxophon, Chet, Trompete; Carson Smith, Bass, und Larry Bunker, Schlagzeug. Bei dieser Gelegenheit entstanden Aufnahmen von *Makin' Whoopee, Cherry, Motel* und *Carson City Stage*.

Während Gerry Mulligan zu Gast auf »Sherrif's Honor Farm« war, arbeitete Chet in Zardi's Club in Hollywood mit Stan Getz zusammen. Später machte Dick Bock im The Haig Club Aufnahmen mit den beiden, aber es wurde nie eine Platte daraus. Jahre später kamen diese Aufnahmen auf geheimnisvolle Weise in Spanien und Italien als CDs heraus.

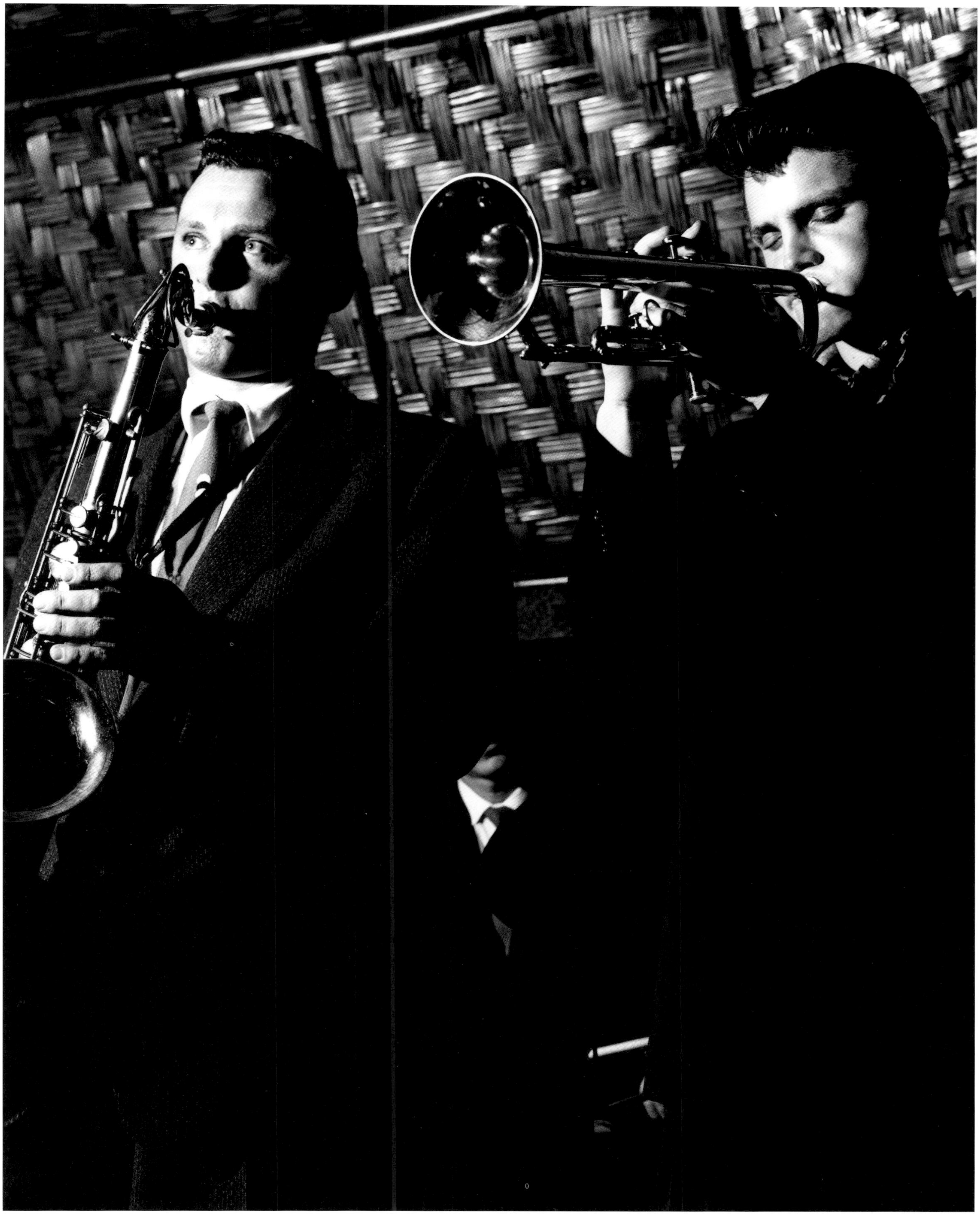

Russ Freeman am Piano. Russ wurde Chets musikalischer Leiter, Arrangeur und allgemeiner Ratgeber. Dies war die erste Aufnahmesession von Chets erstem eigenen Quartett.

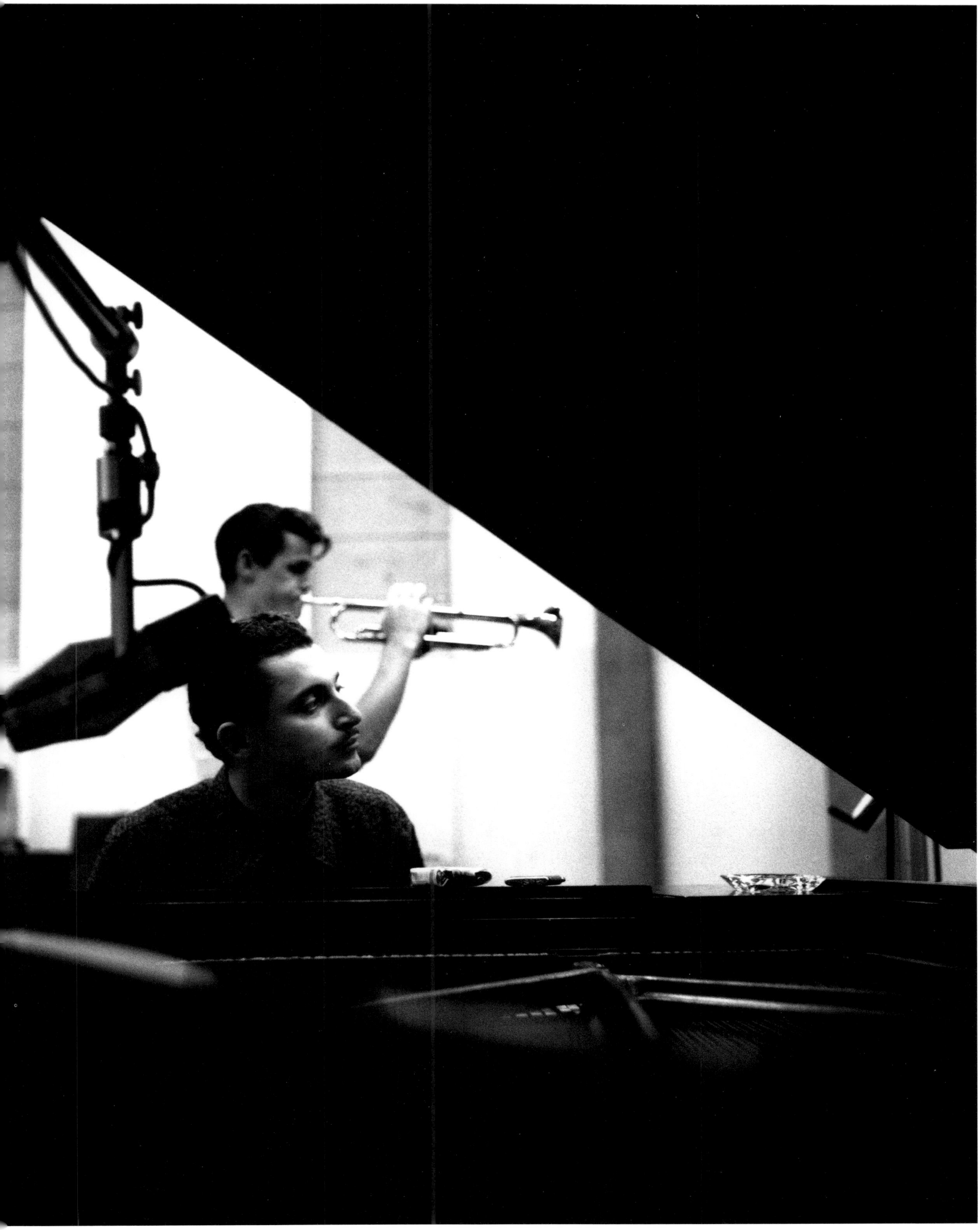

Bassist Red Mitchell und Chet. Jahre später arbeiteten sie in
Amsterdam und Paris wieder zusammen.

Der phantastische Schlagzeuger Larry Bunker ist bei Spitzenmusikern auch heute noch ein gefragter Mann.

Chet und Russ

CHET formierte sein erstes eigenes Quartett mit Russ Freeman am Piano, Carson Smith am Bass und Bob Neel am Schlagzeug. Russ und Chet waren schon lange befreundet und hatten seit Ende 1951 immer wieder mal zusammengespielt. Nach Dick Bocks Worten war »Russ zu dieser Zeit der ideale Pianist für Chet. Er gab ihm unheimlich viel Raum. Eigentlich hatte Russ die musikalischen Fäden in der Hand, und er war der Hauptverantwortliche für den Erfolg, den die Gruppe hatte, solange sie noch als Einheit funktionierte. Er wählte die Stücke nicht nur aus, er *schrieb* sie selber, er brachte Chet alles bei, was er wissen mußte, um sie richtig spielen zu können, und unterwegs war er dann noch das Mädchen für alles. Ich glaube, es gehörte einfach zu Chets Persönlichkeit, sich für nichts verantwortlich zu fühlen – weder für sich selbst noch für irgendetwas anderes.«

Russ Freeman am Piano und Chet in den Radio Recorders Studios, Hollywood, 1954.

Jahre später sagte Russ Freeman in einem Interview mit Will Thornbury über Chets Musik: »Chet beeindruckte mich damals als fabelhafter Musiker. Man muß sich nur das Album anhören, das wir 1957 gemacht haben, das mit *Say When* und dem unglaublichen Solo auf *Love Nest*. Da kann man hören, wie lyrisch seine Musik sein konnte, selbst wenn er schnell und aggressiv spielte. Er wußte weder, in welcher Tonart er gerade spielte, noch wie die Akkorde hießen – vom Handwerklichen hatte er keine Ahnung – bei ihm war alles nur Gehör! Sicher, wir alle gehen nach unserem Gehör, wenn wir Jazz spielen, aber er hatte nichts, auf das er sich stützen konnte. Wenn er mal einen schlechten Abend hatte, und das kam gelegentlich vor, dann konnte er nicht einfach sagen: »Okay, jetzt fängst du nochmal von vorn an, ruhig Blut, du wirst den Weg schon irgendwie finden.« Er wußte gar nicht, wie man sowas anstellt – er war ganz und gar auf das angewiesen, was sein Gehör ihm sagte. Und wenn er an einem Abend nicht richtig in Form war, dann passierte gar nichts. Aber es gab manche Abende, vielleicht einen in der Woche, da hat er atemberaubend gespielt. Weißt du, ich hab die Sachen schließlich komponiert für ihn, und dann sitz ich da und hör ihm zu und denk mir: »Wo hat er das nun wieder her? Was *ist* das, was dieser Bursche da wieder ausspuckt? Und nach *sowas* soll ich noch ein Solo spielen?« So war's natürlich nicht jedesmal, aber wenn es passierte, dann kam's einem so vor, als hätte er plötzlich die ganze Welt im Griff.«

Russ fuhr fort: »Ich hab nicht einen gehört, der genau den Sound hingekriegt hat, den Chet aus seiner Trompete holt. Ich kann mir nicht vorstellen, daß er jemals so auf Platte festgehalten wurde, wie ich ihn spielen gehört habe...« Und bei einer anderen Gelegenheit sagte Russ: »Chet Baker war der einzige, der meine Stücke so spielen konnte, wie ich sie höre. Er hatte ein absolut natürliches Gespür dafür. An guten Tagen konnte er sich mit jedem messen... Charlie Parker, Dizzy Gillespie

Dieses Bild wurde Russ Freemans Lieblingsportrait von sich. Wir machten daraus die Plattenhülle der ersten LP seines Trios – nur das Photo, ohne Titel, ohne Worte. Das Plattencover fand starke Beachtung, gewann ein paar Preise und verkaufte sich ausgezeichnet. Später borgten andere Plattenfirmen sich die Idee aus.

und all die anderen. Ich weiß, das ist ein großes Wort, aber es ist wahr. An manchen Abenden, wenn Chet gerade mit seinem Solo fertig war, saß ich da und dachte: ›Was soll das für einen Sinn haben, jetzt noch ein Solo zu spielen? Er hat doch schon alles gesagt.‹«

Die Tourneen mit Chet, so erinnert sich Russ, waren immer eine Kombination aus Spaß und Verdruß. Er spielt damit auf solche Geschichten an, die man lieber erzählen als selber durchleben möchte. Ein Beispiel: Sie verdienten damals ganze 900 Dollar pro Woche und mußten davon noch die Reisespesen bezahlen. Chet war mit einem Mädchen unterwegs, das ständig versuchte, ihn gegen die anderen Mitglieder der Band aufzuhetzen. Schließlich kam es wegen einer persönlichen Sache, an die Russ sich nicht mehr genau erinnern kann, zwischen ihm und Chet zum Zerwürfnis. Russ verließ die Band. Er war für die Gagen verantwortlich gewesen und hatte auf ein separates Steuerkonto das Geld eingezahlt, das Baker, als Chef der Band, an die Einkommenssteuerbehörde (IRS) hätte abführen müssen. Es waren zum Schluß 3500 Dollar. Russ hob das Geld vom Konto ab, das auf seinen Namen geführt wurde, und gab es Chet. Chet flog unverzüglich nach Detroit und kaufte sich von dem Geld einen neuen Wagen. Damals konnte man sich mit 3500 Dollar noch sehr schöne Autos kaufen.

Für Russ Freeman zeigt diese Episode deutlich, was von Chet Bakers Geschäftsgebaren zu halten war. Russ nennt ihn einen »ungezogenen Jungen«. Baker wollte die Leute nicht über den Tisch ziehen, meint Freeman, nicht einmal den IRS. Er wollte nur das Auto. Und das Geld dafür hatte er gerade in der Tasche. Und bis der IRS an ihn herantreten würde, hätte er die Summe schon irgendwo aufgetrieben. Die unmittelbare Befriedigung seiner Bedürfnisse hatte Vorrang.

Schon bald nach dieser Episode ging es in Chets Leben immer häufiger darum, Geld für Drogen aufzutreiben. Er wurde süchtig. »Nicht einmal das machte er so wie die anderen«, sagt Russ. »Er fing damit an, *nachdem* alle anderen damit aufgehört hatten.« Russ weist darauf hin, daß zu jener Zeit fast alle Jazzmusiker im Land süchtig waren, und er fügt hinzu, daß es dem Einfluß von Charlie Parker zu verdanken gewesen sei, dem sie alle nacheifern wollten, obwohl Parker nicht müde geworden war, den jüngeren Musikern, die ihn bewunderten, den Rat zu geben, ihm nicht gerade auf diesem Weg zu folgen. Ein paar Jahre zuvor, als Chet in Parkers Band spielte, hatte Bird ihn immer wieder vor Drogen gewarnt, aber jetzt war es zu spät.

Dies war Chet Bakers erstes offizielles Portrait als aufstrebender Jazz-Star. Wir schickten es als »18 x 24 Hochglanzphoto« zusammen mit den Presse-Informationen hinaus, damit die Welt sich ein Bild davon machen konnte, wie dieser beachtliche junge Trompeter aussah.

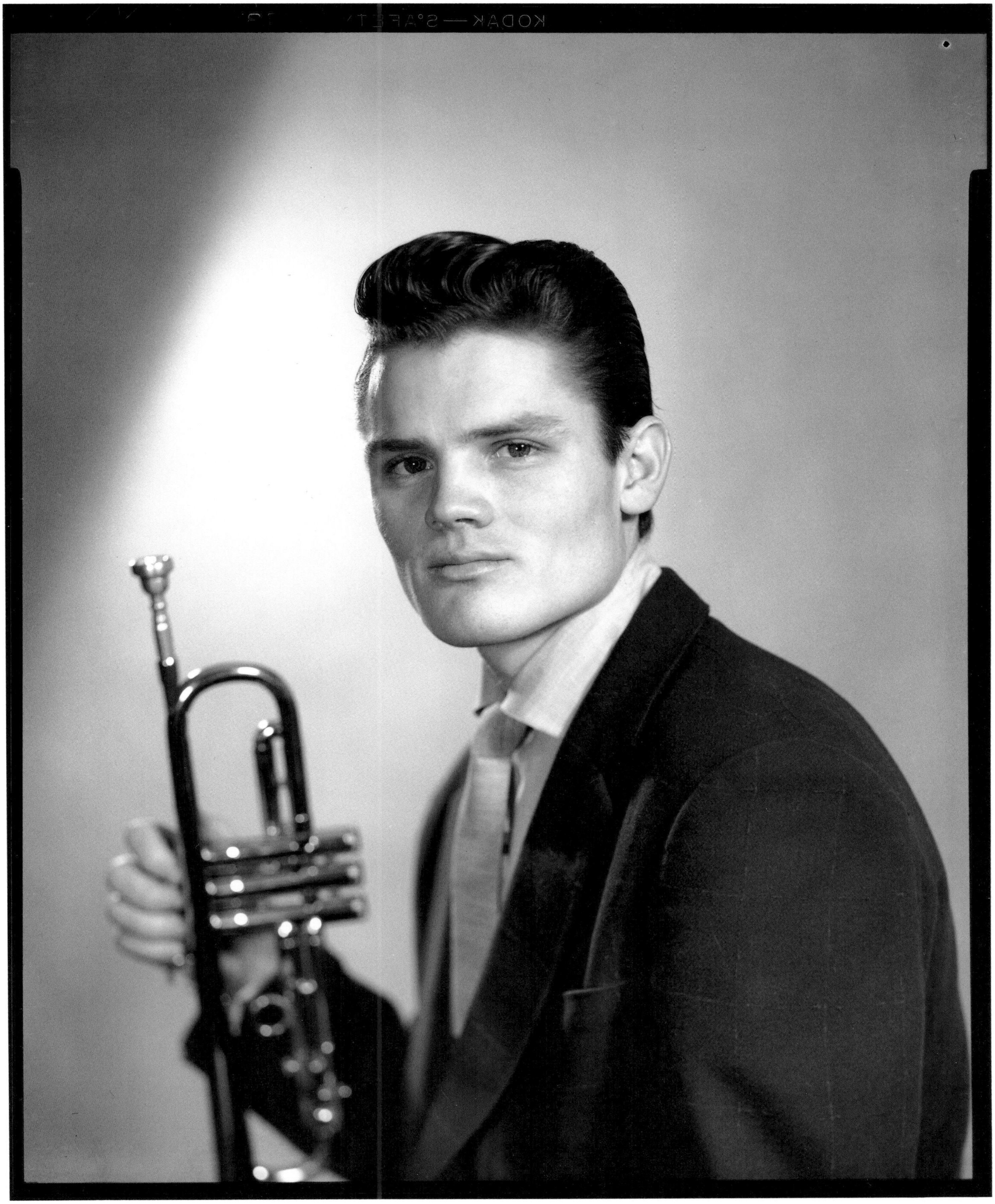

Dieses Photo entstand bei Chets erstem
Aufnahmetermin für Publicity-Photos.

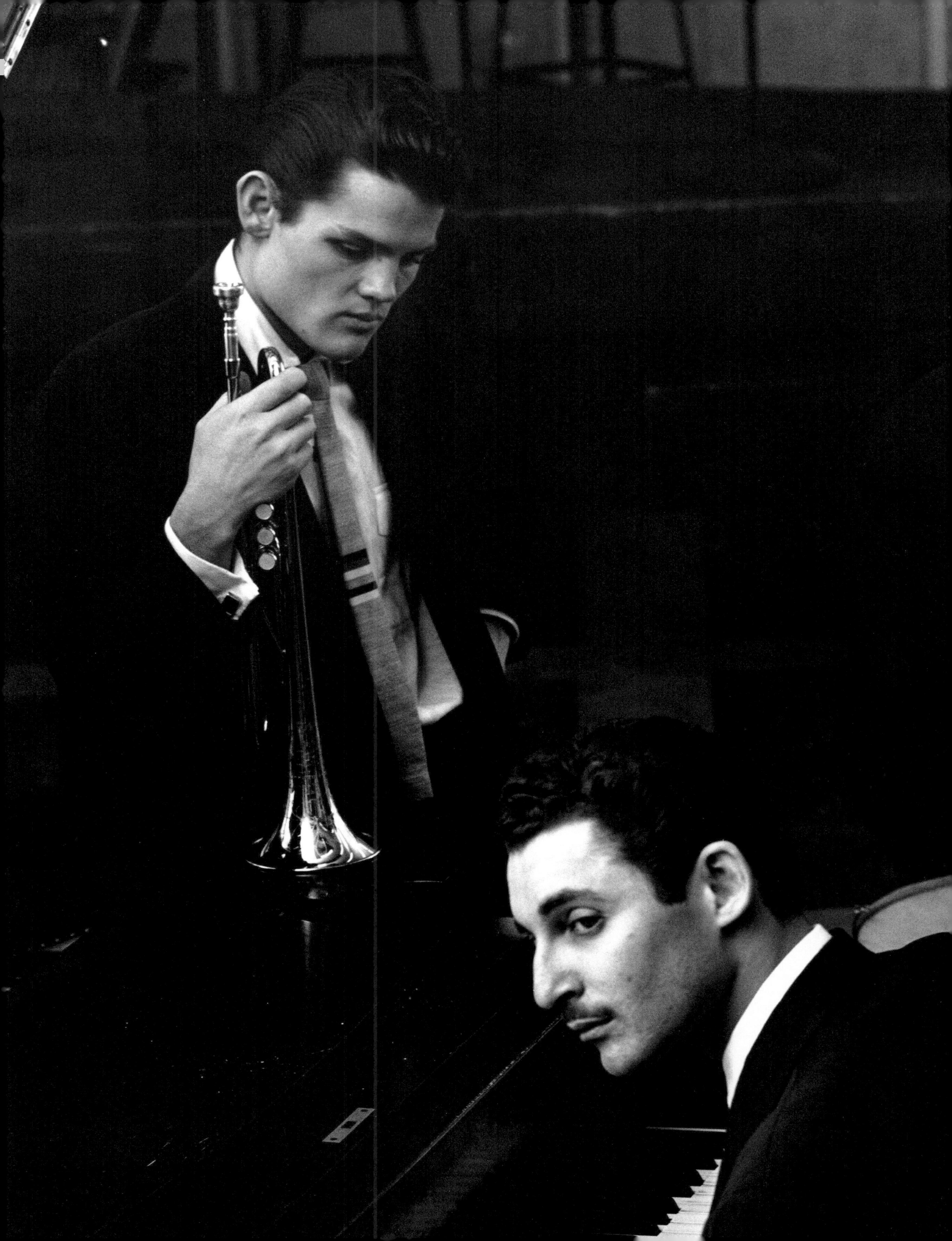

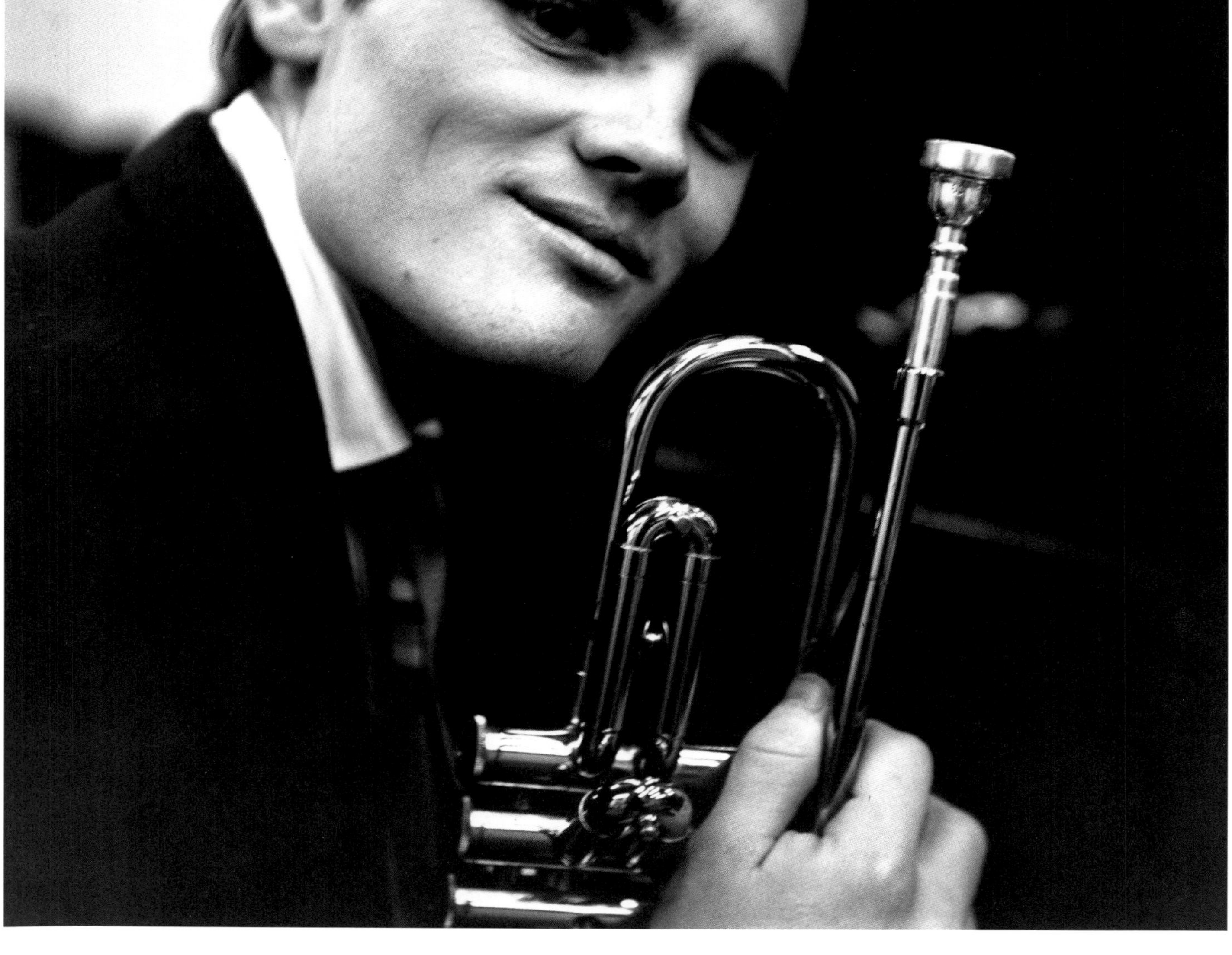

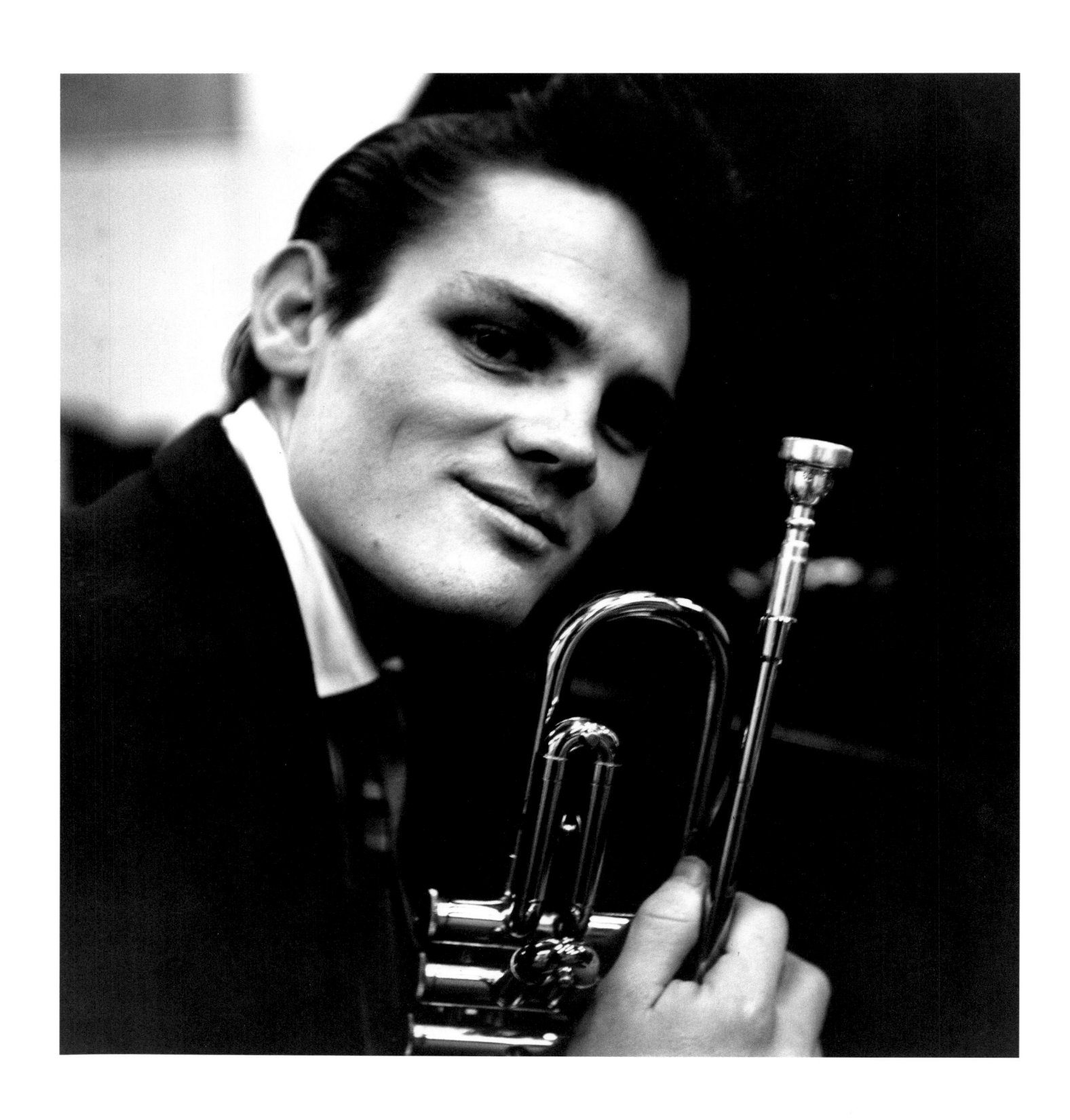

Diese Photosession kam auf Wunsch von Dick Bock zustande, der begriffen hatte, daß man für Chets neues Quartett Pressephotos brauchte. Chet und seine Männer hatten von der steifen Prozedur bald genug und fingen an herumzualbern.

Während der Session für Pressephotos fällt Chets
Gruppe plötzlich in eine lustige Dixieland-Version
von *Love For Sale*.

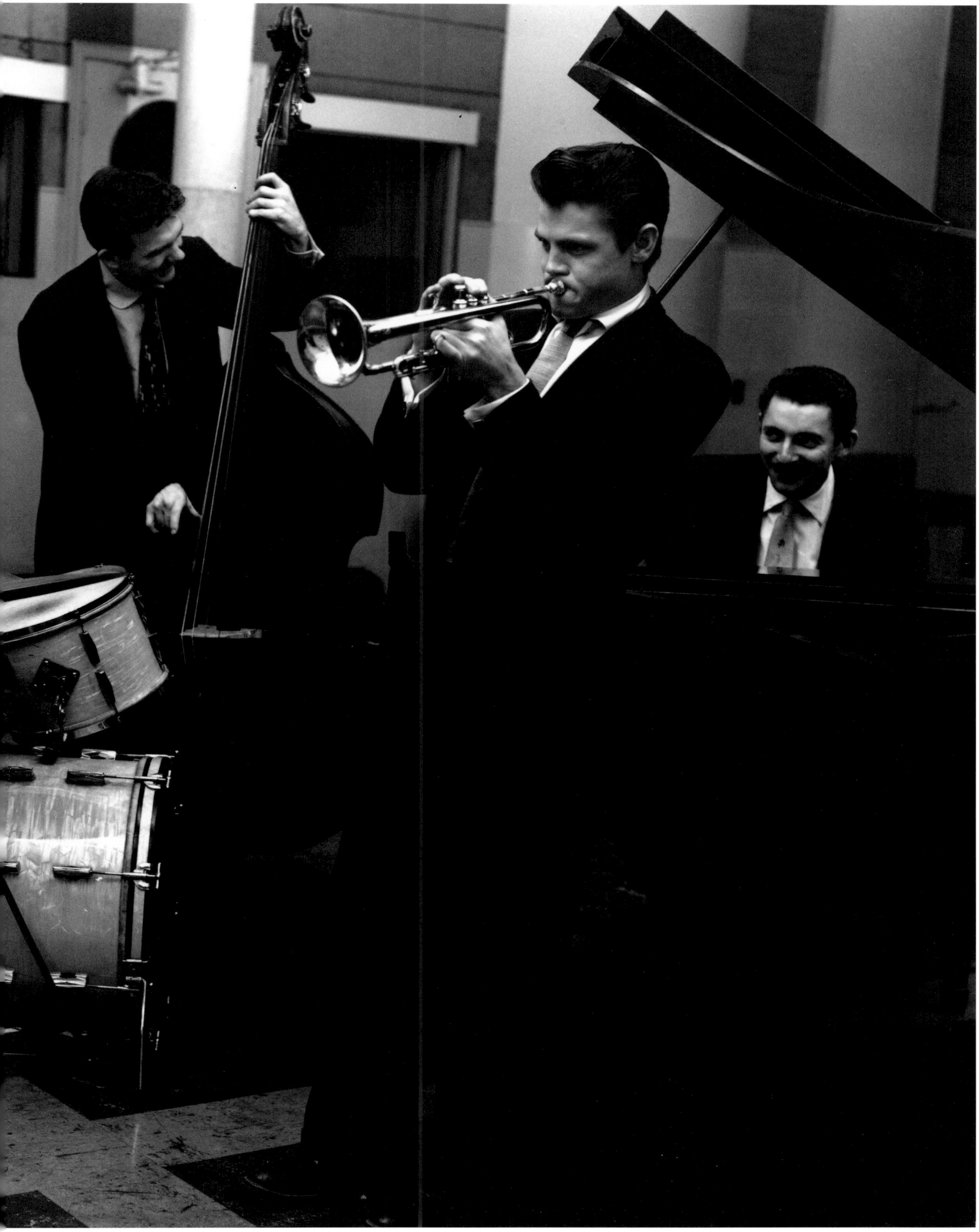

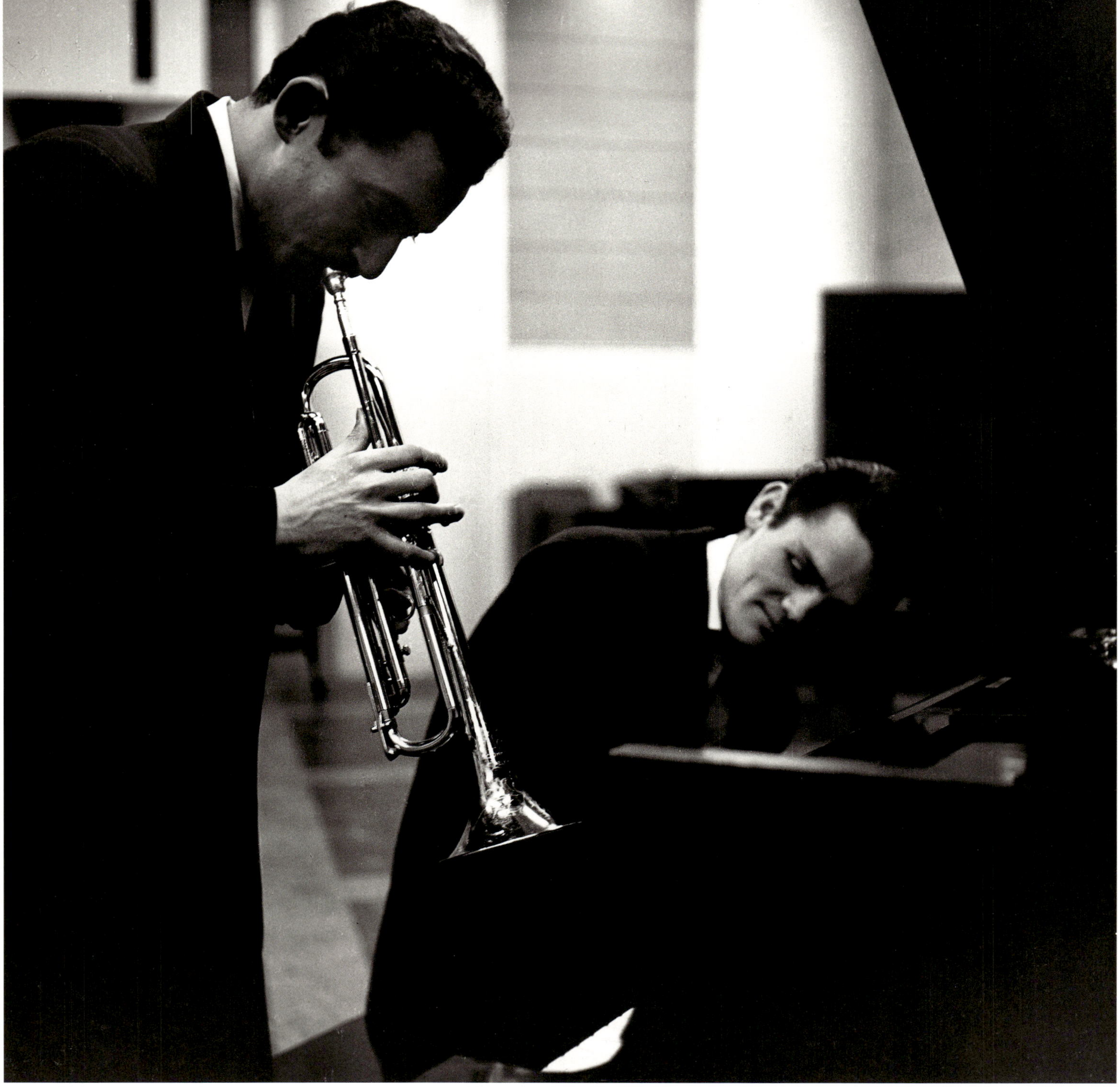

Chet und Russ haben bei der Photosession ihren Spaß.

Während einer Pause bei der Photosession setzt Chet sich ans Piano und »klimpert« ein bißchen herum. Ich habe das Photo »Der junge Beethoven« genannt.

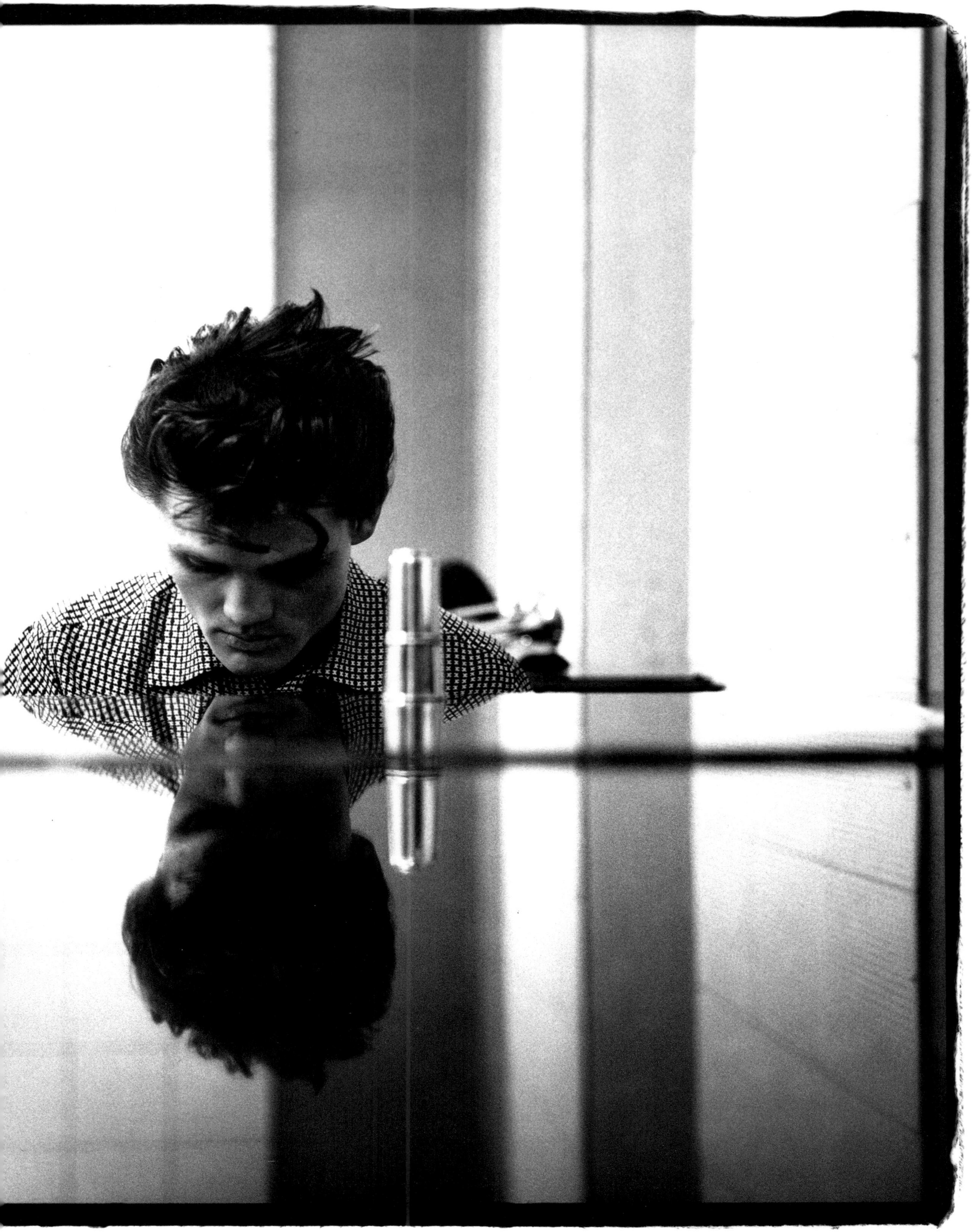

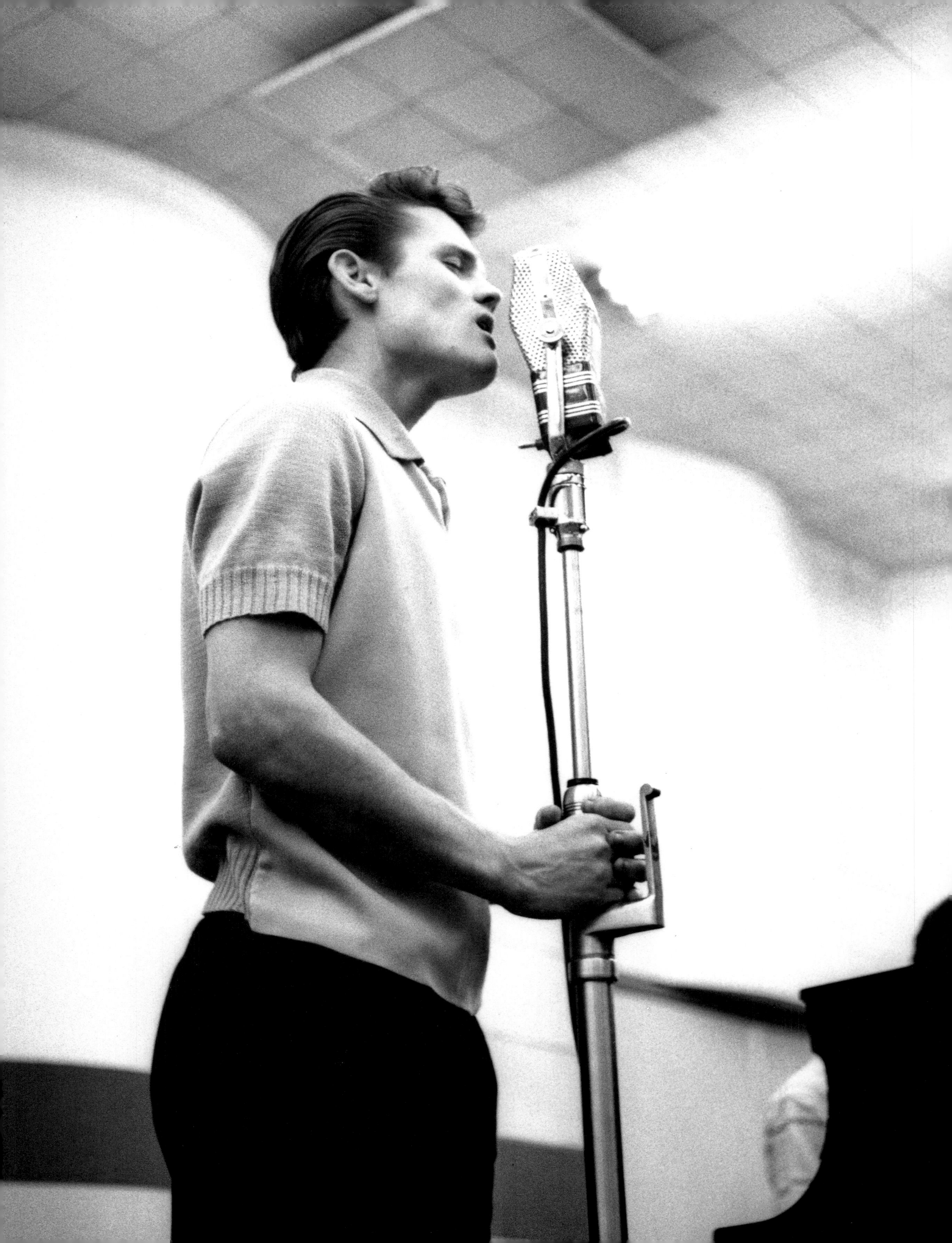

»Jetzt will er singen!«

IM Jahr 1954 gewann Chet alle Polls zum besten Nachwuchsstar; sowohl bei Leser- als auch bei Hörerumfragen wurde er zum besten Trompeter gekürt, noch vor Dizzy und Miles! Man bot ihm Filmrollen an, sein Quartett spielte vor ausverkauften Häusern, und auch seine Platten verkauften sich gut. Dick Bocks Pacific Jazz Records entwickelten sich, auch wenn es noch eine kleine Firma war, zu einem wichtigen Jazz-Label. Dick bot mir an, bei ihm und Phil Turetsky als Partner einzusteigen. Ich wurde zum Werbeleiter und zum offiziellen Photographen ernannt, und manchmal war ich auch inoffizieller Programmchef (zuständig für Künstler und Repertoire), weil es mir Spaß machte, Chet Titel für Plattenaufnahmen vorzuschlagen. Sowohl Dick als auch Chet waren so freundlich, wirklich auf mich zu hören.

An einem Frühlingstag im Jahr 1954 erhielt ich einen Anruf von Dick, in dem es um Chet ging. Ich wußte, daß Dick sich Sorgen machte, weil Chet ständig nach Vorschüssen verlangte, um sich neue Autos zu leisten oder dem Mädchen, mit dem er gerade ging, luxuriöse Geschenke zu machen. Diesmal aber beklagte sich Dick lauthals: »Rate mal, was er jetzt will. Er will singen! Und ich soll's auch noch aufnehmen! Er will ein Gesangs-Album herausbringen.« Ich ließ Dick noch eine Weile lang weiterschimpfen, dann erwiderte ich: »Ja, Dick, ich denke, du solltest das machen. Du weißt, daß er genauso singt wie er spielt.« Auch Russ Freeman war skeptisch. Er fand die Idee zu kommerziell für einen Jazzmusiker.

Ich hatte Chet vor diesem Anruf erst ein einziges Mal singen gehört. Es war während einer nächtlichen oder besser einer frühmorgendlichen Jam Session im Falcon's Lair. Das Lair war ein wunderschönes Herrenhaus im spanischen Kolonialstil. Es stand hoch oben in Benedict Canyon, einem Viertel, das zu Beverly Hills gehört. Der Stummfilmstar Rudolph Valentino hatte es in den zwanziger Jahren erbauen lassen, aber Anfang der Fünfziger war es von seiner Erbin Doris Duke vollkommen umgekrempelt worden. Für ihren Lebensgefährten, den Pianisten Joe Castro, hatte sie einen Musiksalon mit allen Schikanen eingerichtet. Joe führte dort sogenannte »jazz musicals« durch, Jam Sessions der vornehmeren Art, wunderbare Abende, zu denen er durchreisende Größen des Jazz einlud. An einem solchen Abend hörte ich Chet singen. Er saß neben June Christy am Piano. Im Duett sangen die beiden mit leisen Stimmen ein Potpourri aus Standard-Nummern, und »Coop« (Bob Cooper, Janes Ehemann) spielte dazu im Hintergrund wunderschön auf seinem Tenorsaxophon. Chet und June hörten sich an wie zwei singende Engel. Es wurde ganz still im Raum, weil alle andächtig lauschten. Als sie mit Cole Porters *Everytime We Say Goodbye* fertig waren, rief der Trompeter Art Farmer begeistert aus: »Mann, das war phantastisch! Weißt du was, Chet, du solltest auf deinem nächsten Album singen.« June Christy pflichtete ihm bei.

Chet hat mal über seine Singerei gesagt: »Meine Phrasierung als Sänger ist sehr stark von meinem Instrumentalspiel beeinflußt. Ich weiß nicht, ob ich jemals so gesungen hätte, wenn ich nicht Trompeter wäre. Wahrscheinlich nicht. Ich weiß nicht mal, ob ich nun ein singender Trompeter oder ein Trompete spielender Sänger bin. Ich mache beides gleich gerne.«

Ein Wunsch geht in Erfüllung. Chet nimmt in den Radio Recorders Studios sein erstes Gesangsalbum auf. Hollywood, 1954.

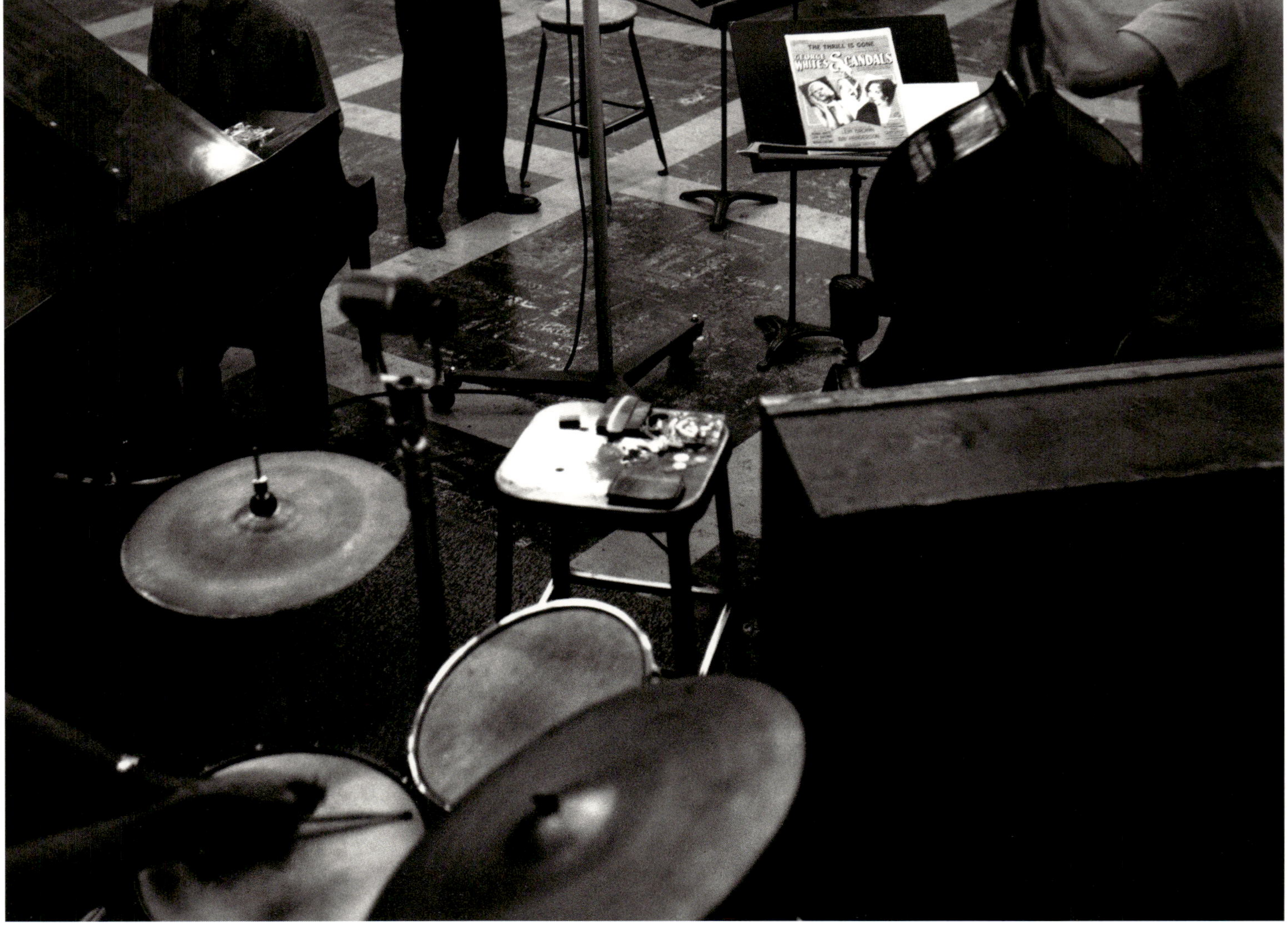
THE THRILL IS GONE
WHITES SCANDALS

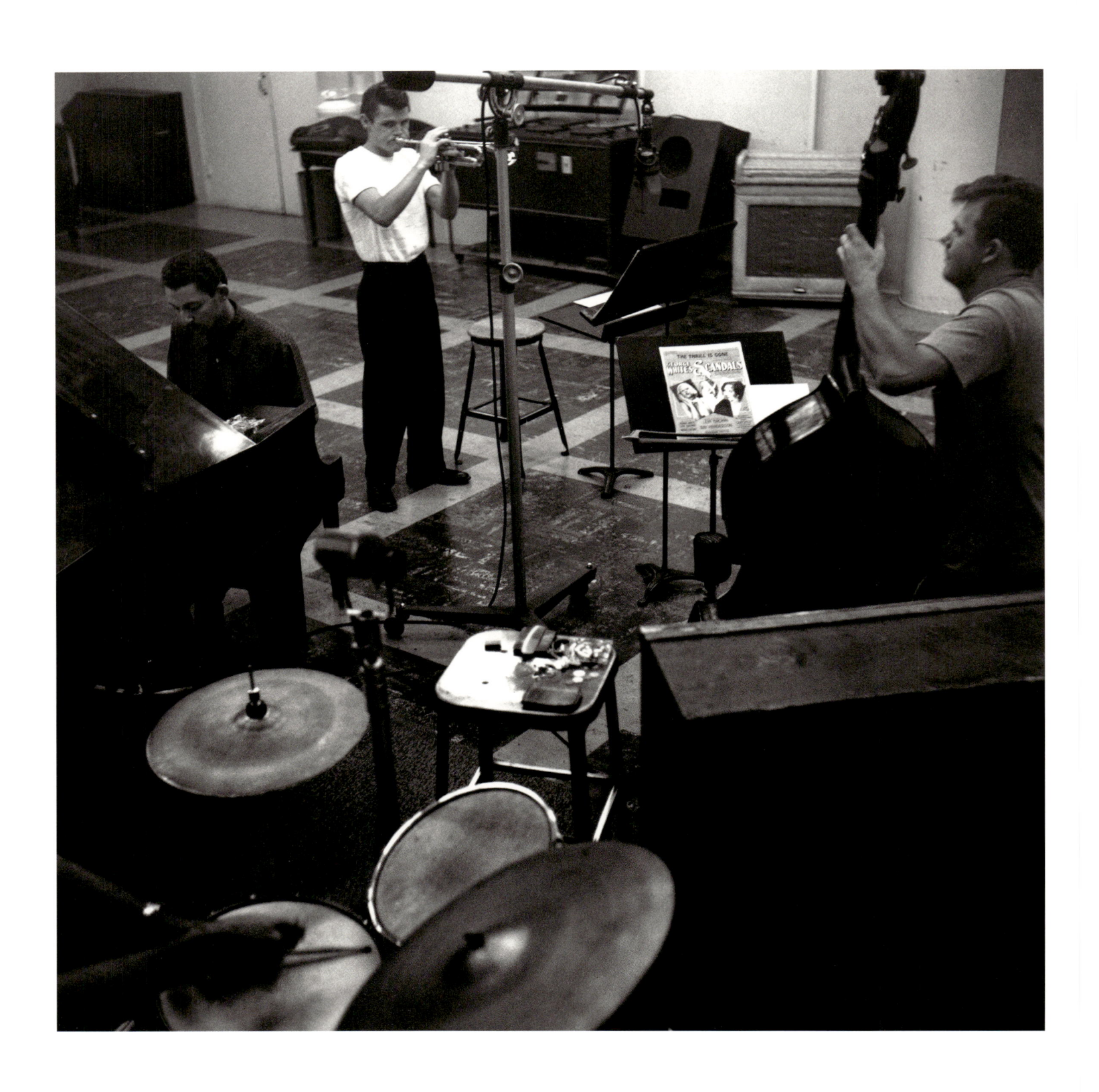

Chet nimmt für sein erstes Gesangsalbum *The Thrill Is Gone* auf.

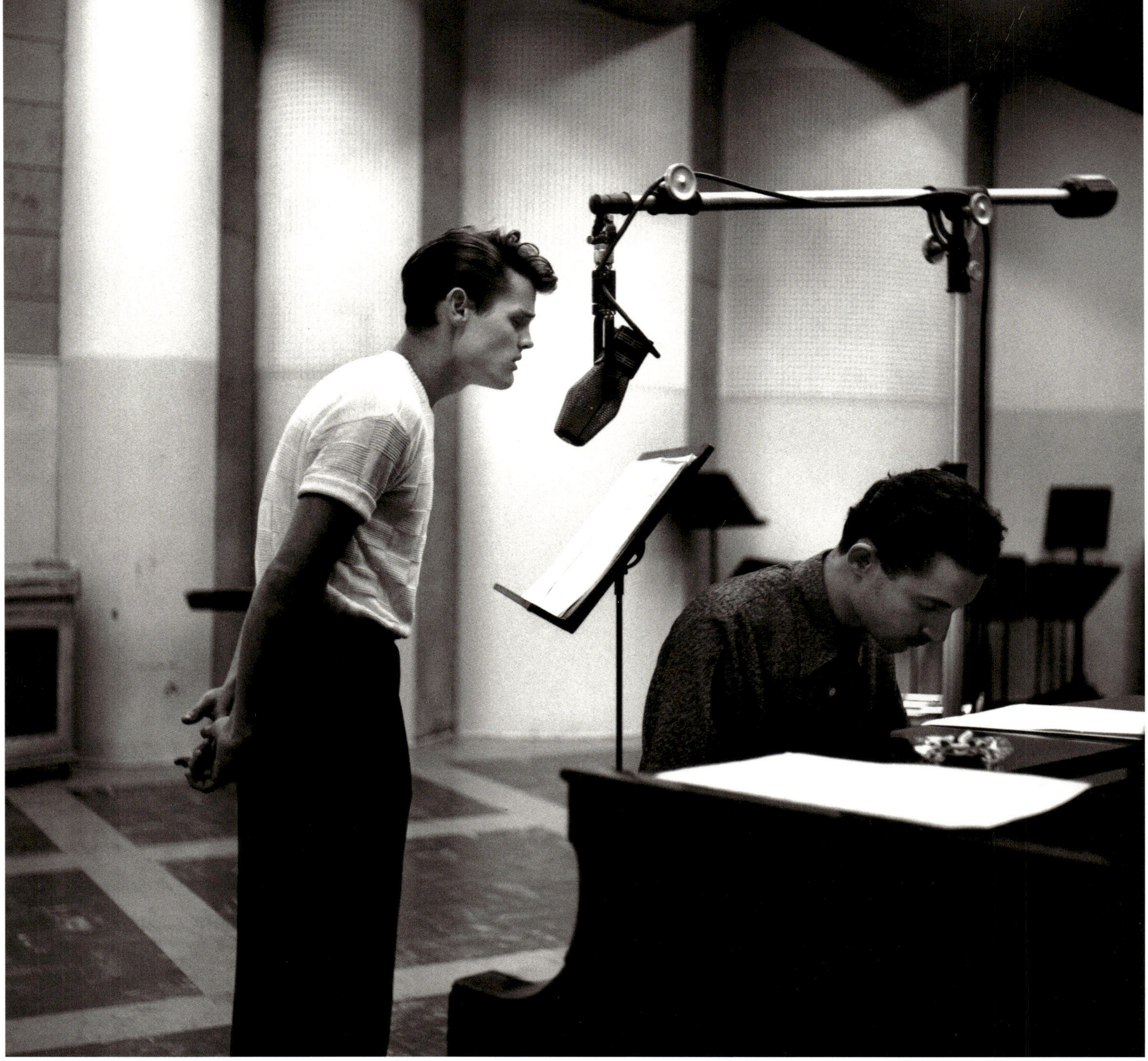

Komponist und Arrangeur Johny Mandel hat ein kritisches Auge auf Chets Einspielung von *You Don't Know What Love Is*.

Chet reist mit seinem ersten Quartett nach Norden, um im
Sommer 1954 im State College von San José, Kalifornien, ein
Konzert zu geben.

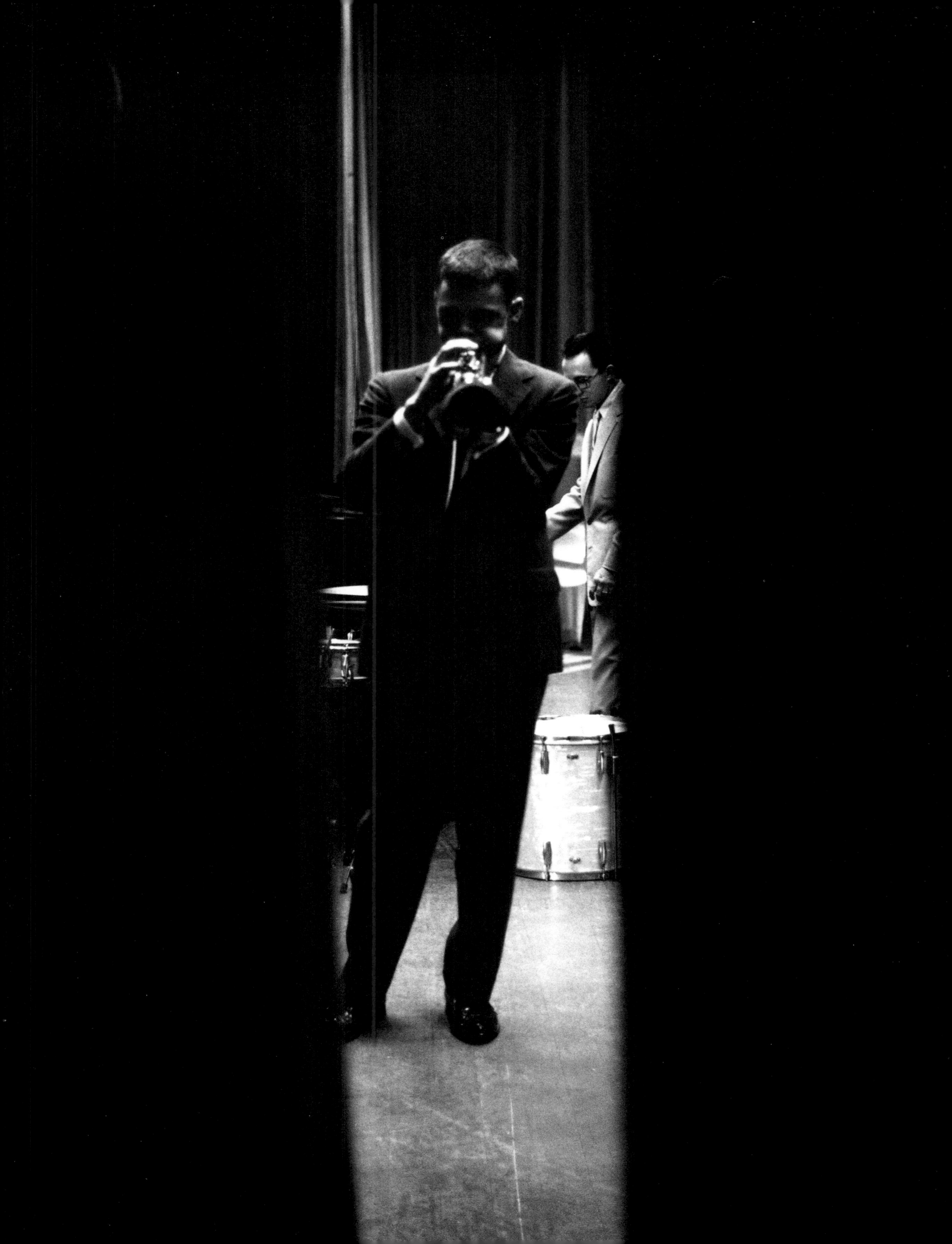

Hinter der Bühne des Konzerts in San José
begegnet Chet seinen Fans.

63

Im Dezember 1953 macht das Chet Baker Ensemble Plattenaufnahmen in den Capitol Studios in Hollywood. Komponist und Arrangeur Jack Montrose lieferte für diesen Termin die Partituren. (Von links nach rechts) Russ Freeman, Piano; Chet, Trompete; Jack Montrose, Tenorsaxophon; Herb Geller, Alt- und Tenorsaxophon, und Bob Gordon, Baritonsaxophon.

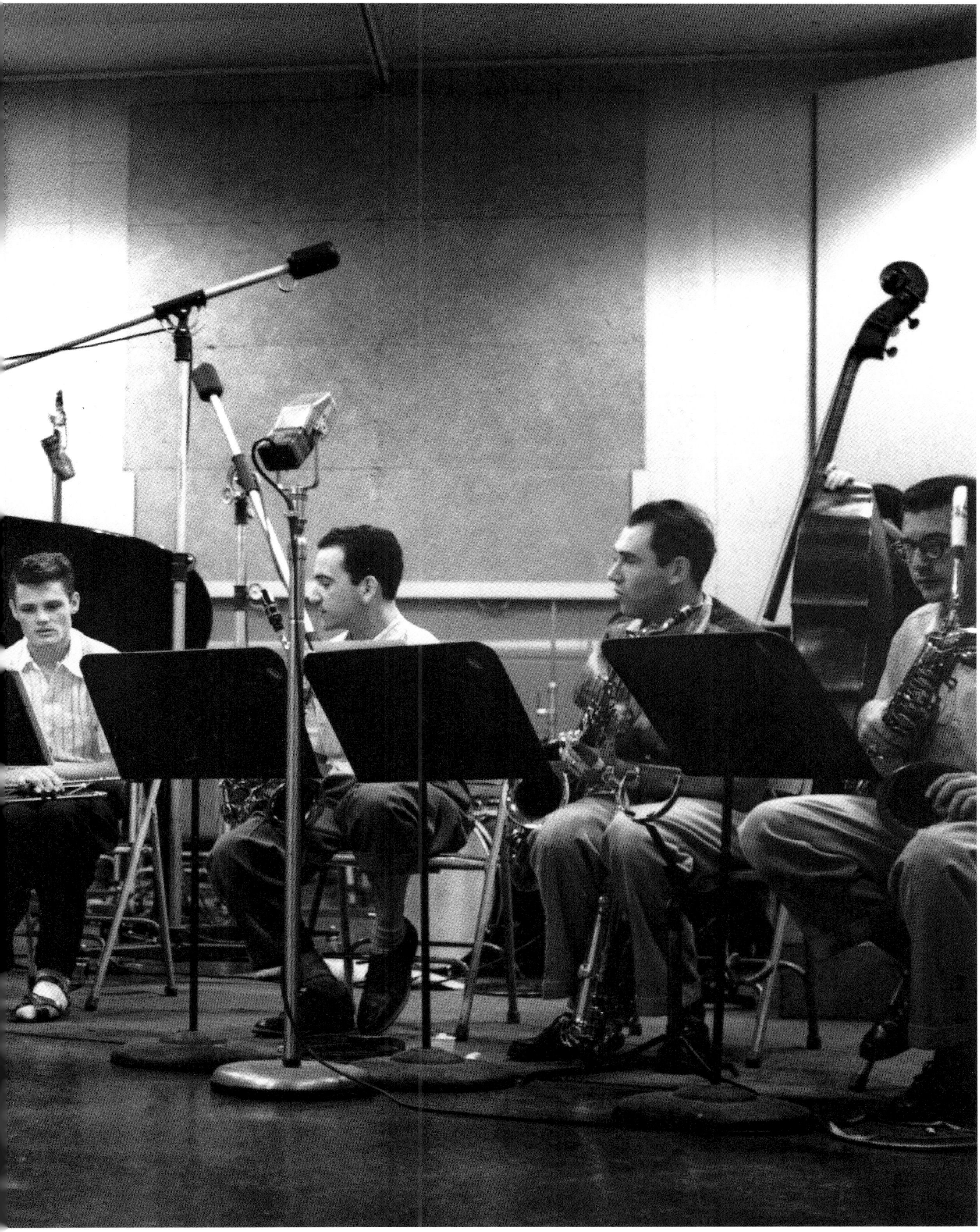

Das Ensemble bei der Aufnahme. Joe Mondragon, Bass, und Chet, Jack Montrose, Herb Geller sowie der junge Bob Gordon, der ein paar Wochen nach dieser Session bei einem Verkehrsunfall ums Leben kam.

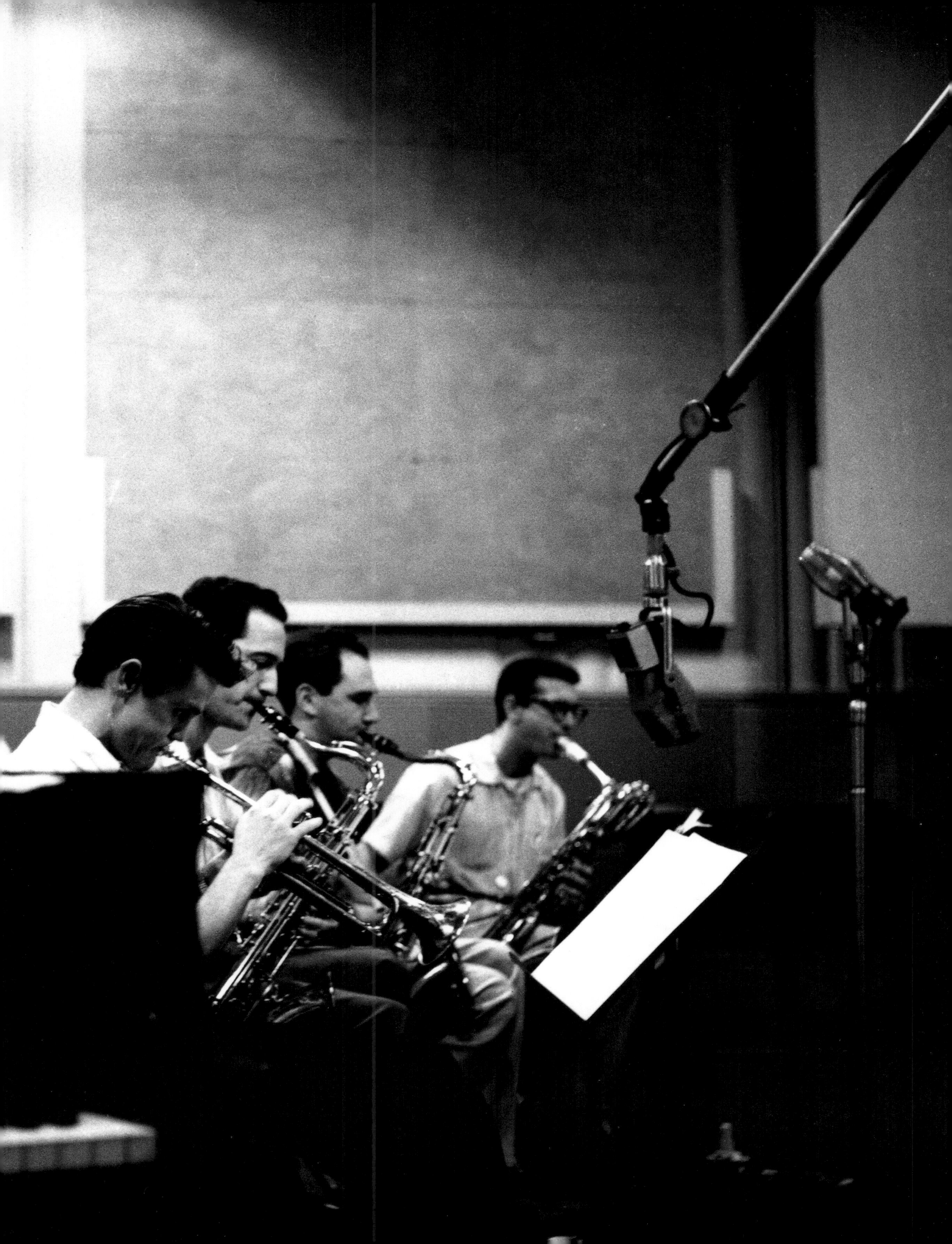

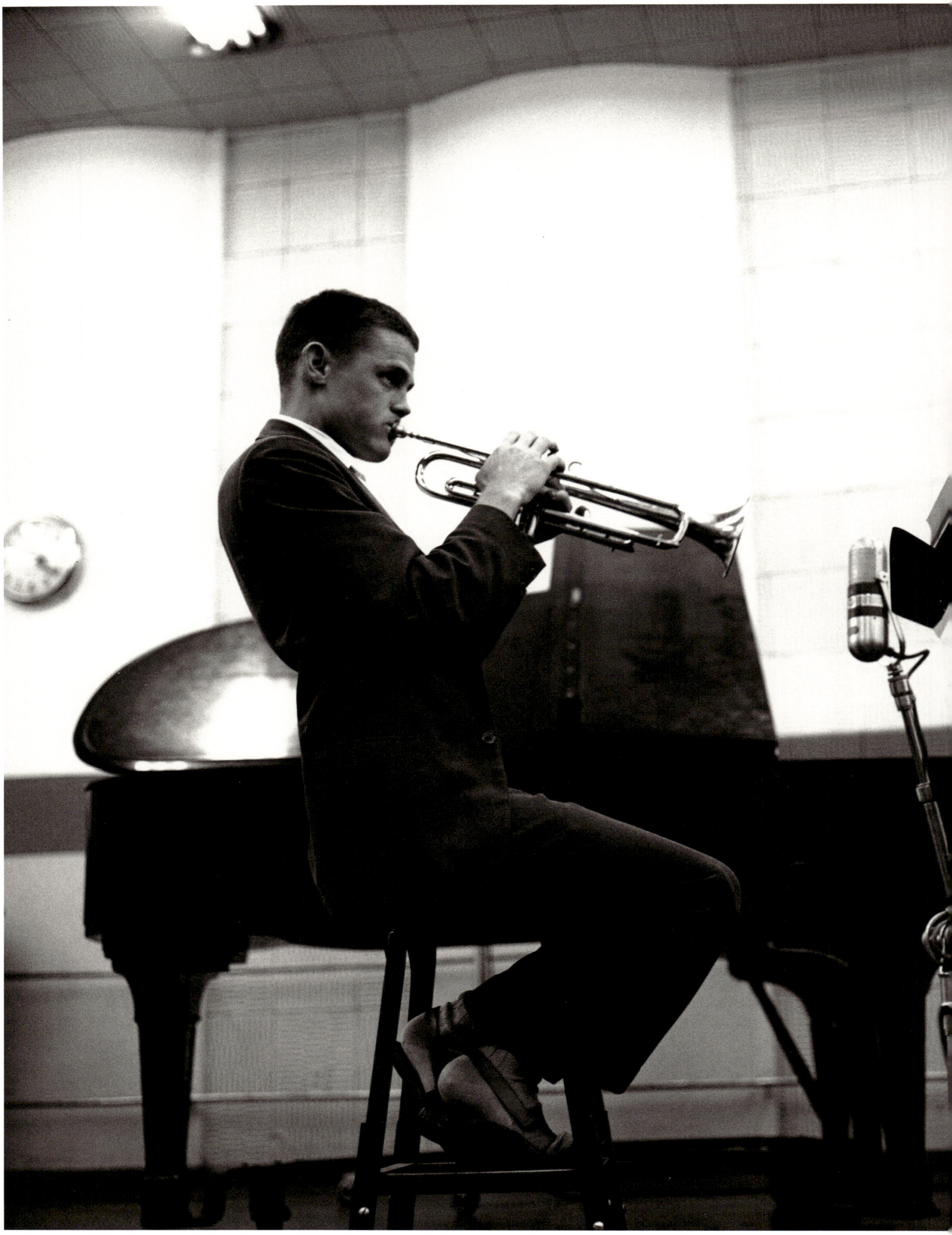

Das Album »The Chet Baker Sextet« wurde im Frühjahr 1954 aufgenommen. Zusammen mit Chet, Shelly Manne, Carson Smith und Russ Freeman spielten Bob Brookmeyer, Ventilposaune, und Bud Shank, Baritonsaxophon. Johnny Mandel, Jack Montrose und Bill Holman komponierten und arrangierten das Material für diese Session.

Chet und Jack Montrose.

(Von links nach rechts) Chet, Jack Montrose und Herb Geller.

Chet und seine französische Freundin Lili während des Playbacks
einer Aufnahme.

Chet, Charisma und das Gesetz

CHET und ich waren keine dicken Freunde, aber wir mochten uns und unsere Beziehung war zweifellos von gegenseitiger Wertschätzung geprägt. Er hat mir oft versichert, wie sehr ihm meine Photos gefielen. Er machte nie viele Worte. Wenn ich ihm ein neues Photo zeigte, sah er es sich an. Er betrachtete es aufmerksam – studierte es sehr genau. Dann legte sich ganz langsam ein Lächeln auf sein Gesicht und er sagte: »Yeah, Clax.«

Wir waren etwa gleich alt, und neben der Liebe zur Musik teilten wir eine Schwäche für schnelle Autos. Ich stand mehr auf Sportwagen, während Chet Straßenkreuzer bevorzugte, Cadillacs oder Lincolns. Solche Autos symbolisierten für ihn den »Erfolg«. Aber eines Tages hat er sich auch mal einen »heißen Ofen« gekauft, nur deshalb, weil er sich so etwas in seinen jüngeren Jahren nicht leisten konnte.

In einem College im kalifornischen San José war ein Konzert angesetzt, und Chet fragte mich, ob ich nicht Lust hätte, mit ihm zusammen gen Norden zu fahren. Also fuhren er, ich und seine derzeitige Freundin (ich glaube, sie hieß Jody) in Chets neuem Cadillac hinauf nach San José. Chet fuhr selten langsamer als 80 Meilen pro Stunde. Irgendwo hinter einem Straßenabschnitt, der unter dem Namen Grapevine bekannt war, machte ich ihn darauf aufmerksam, daß diese Gegend so etwas wie ein Trainingsgelände für die California Highway Patrol war, und daß es vielleicht ratsam sei, es ein bißchen ruhiger angehen zu lassen. Daraufhin drückte er noch kräftiger aufs Gas. Schließlich flimmerte ein Rotlicht in seinem Rückspiegel. Nach fünf oder sechs Meilen hielt er es wohl doch für besser, anzuhalten.

Der Beamte, der aus seinem schwarzweißen Streifenwagen kletterte, war ein Riese von Gestalt. Er sah wie ein Ex-Football-Profi aus. Ich sprang mit schußbereiter Kamera aus dem Auto. Der Tonfall, in dem der Polizist mir befahl, die Kamera aus der Hand zu legen, ließ es mir ratsam erscheinen, ihm zu gehorchen. Er fragte Chet nach den üblichen Papieren – Führerschein und Zulassung – , dann füllte er eine Vorladung wegen Überschreitung der Höchstgeschwindigkeit aus und ließ Chet unterschreiben. Er teilte ihm mit, daß er zu einem bestimmten Zeitpunkt vor Gericht zu erscheinen habe. Noch während Chet sich sehr höflich beschwerte, entdeckte der Polizist ein Plattencover auf dem Rücksitz unseres Wagens.

»Sind Sie *Chet Baker*?« fragte der Polizist. Chet lächelte äußerst charmant und nickte zustimmend mit dem Kopf. »Wissen Sie was, meine Freundin und ich verdanken Ihrer Musik ein paar sehr romantische Stunden, und schließlich haben wir sogar geheiratet. Mann! Wenn ich Shirley das erzähle! Das ist ja toll!«

Aus dem großen harten Cop war ein zahmer Kater geworden, der sich wie ein begeisterter Teenager aufführte. Er fuhr fort: »Dürfte ich Sie um ein Autogramm bitten? Meine Frau wird's mir sonst gar nicht glauben wollen.« Chet antwortete: »Aber gern, Officer.« Daraufhin nahm er die Vorladung, die der Polizist ihm zur Unterschrift vorgelegt hatte, und riß sie ganz langsam in kleine Streifen, wobei er sorgsam darauf achtete, den Fetzen mit seinem Namenszug nicht zu beschädigen. Er drückte dem Polizisten den Haufen Papier in die Hand – und reichte das schmale Stück mit seiner Unterschrift nach. »Hier haben Sie mein Autogramm. Machen Sie's gut.« Chet ließ den Motor an und wir fuhren davon, einen verdutzten Polizeibeamten mit einem zerfetzten Strafzettel in der Hand zurücklassend.

Bud Shank, Altsaxophon, und Chet.

Der vielseitige Bud Shank an der Querflöte und Chet.

Vor der Einspielung durch das Sextett geht Bill Holman mit Chet noch einmal seine Komposition *Half Dozens* durch.

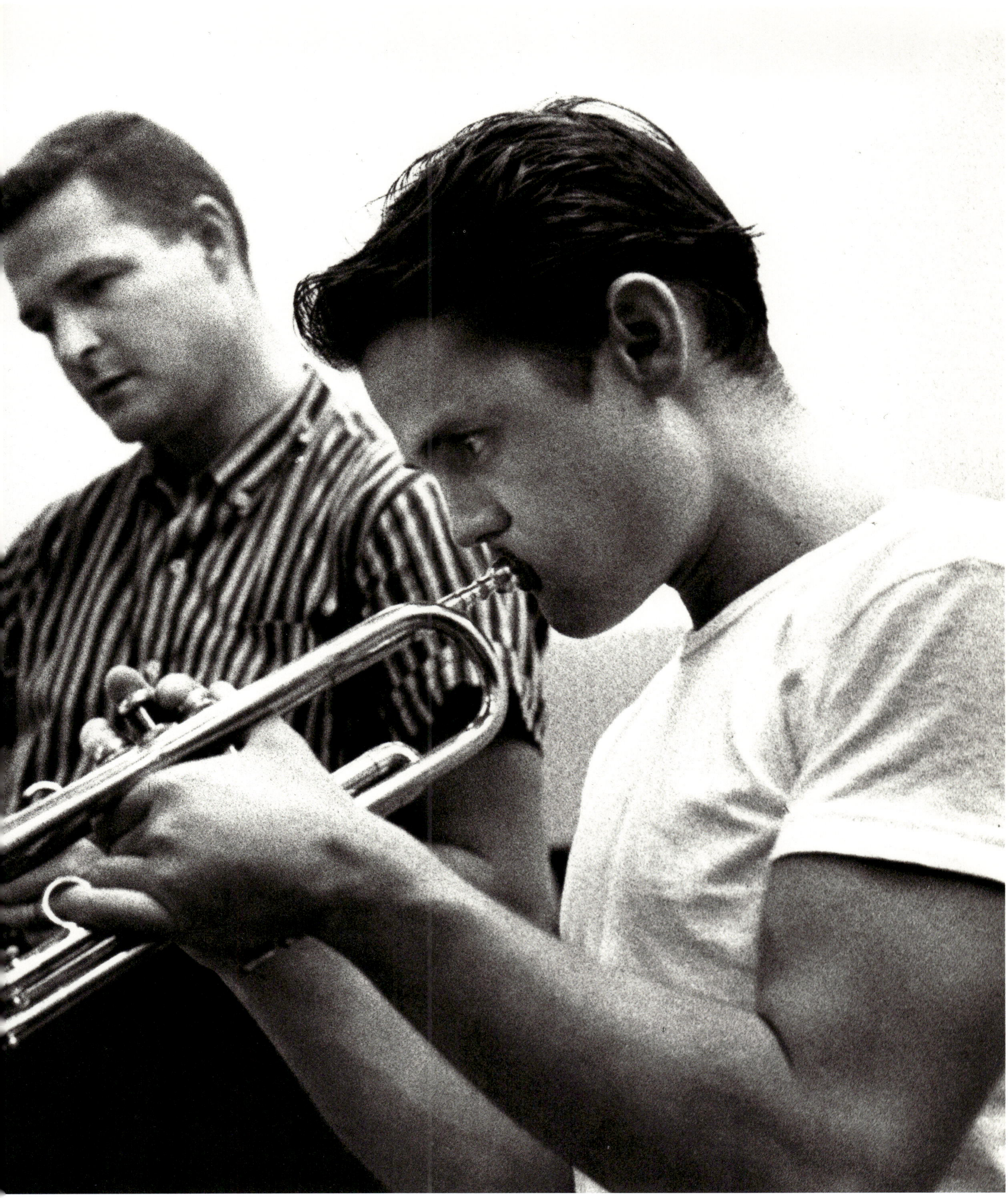

Im Frühjahr 1954 kam Paul Weston die Idee, für das Columbia Label »Chet Baker with Strings« aufzunehmen. Chet war jedoch bei Dick Bock und seinen Pacific Jazz Records unter Vertrag. Dick und Chet willigten ein, eine 30-cm-LP mit Streichern zu machen, wenn man ihnen vollständige künstlerische Kontrolle gewährte. Columbia ging darauf ein. Die Arrangements vertrauten sie Shorty Rogers, Johnny Mandel, Jack Montrose und Marty Paich an. (oben) Russ Freeman arbeitet mit dem Solisten Zoot Sims zusammen.

(von links nach rechts) Marty Paich, Chet, Jack Montrose und Zoot Sims.

An einem warmen Sommertag im Jahre 1955 besuchte ich Chet in seinem Wohnort Redondo Beach, um ein paar Photos für ein eventuelles Plattencover mit ihm zu machen. An der Tür begrüßte mich eine junge Frau mit Namen Helima. Sie sah in ihrem Sommerkleid so frisch und hübsch aus, daß ich sie unbedingt mit auf den Photos haben wollte. Ich nahm die beiden mit zu einem unbewohnten Nachbarhaus, das gerade umgebaut wurde. Dort setzte ich sie auf eine nackte Fensterbank. Von hinten strömte ein weiches Licht durch das Fenster, das für die richtige Stimmung sorgte.

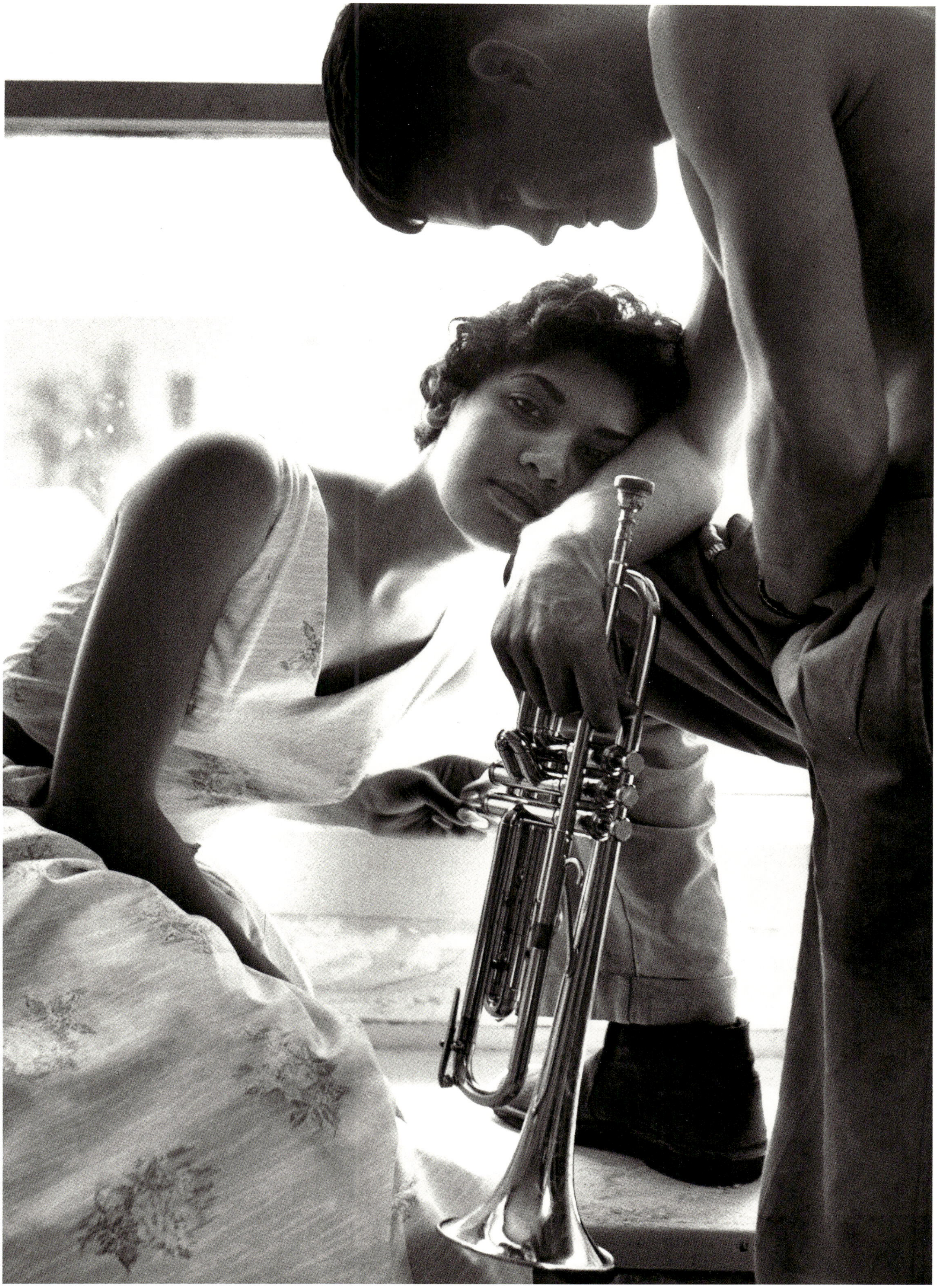

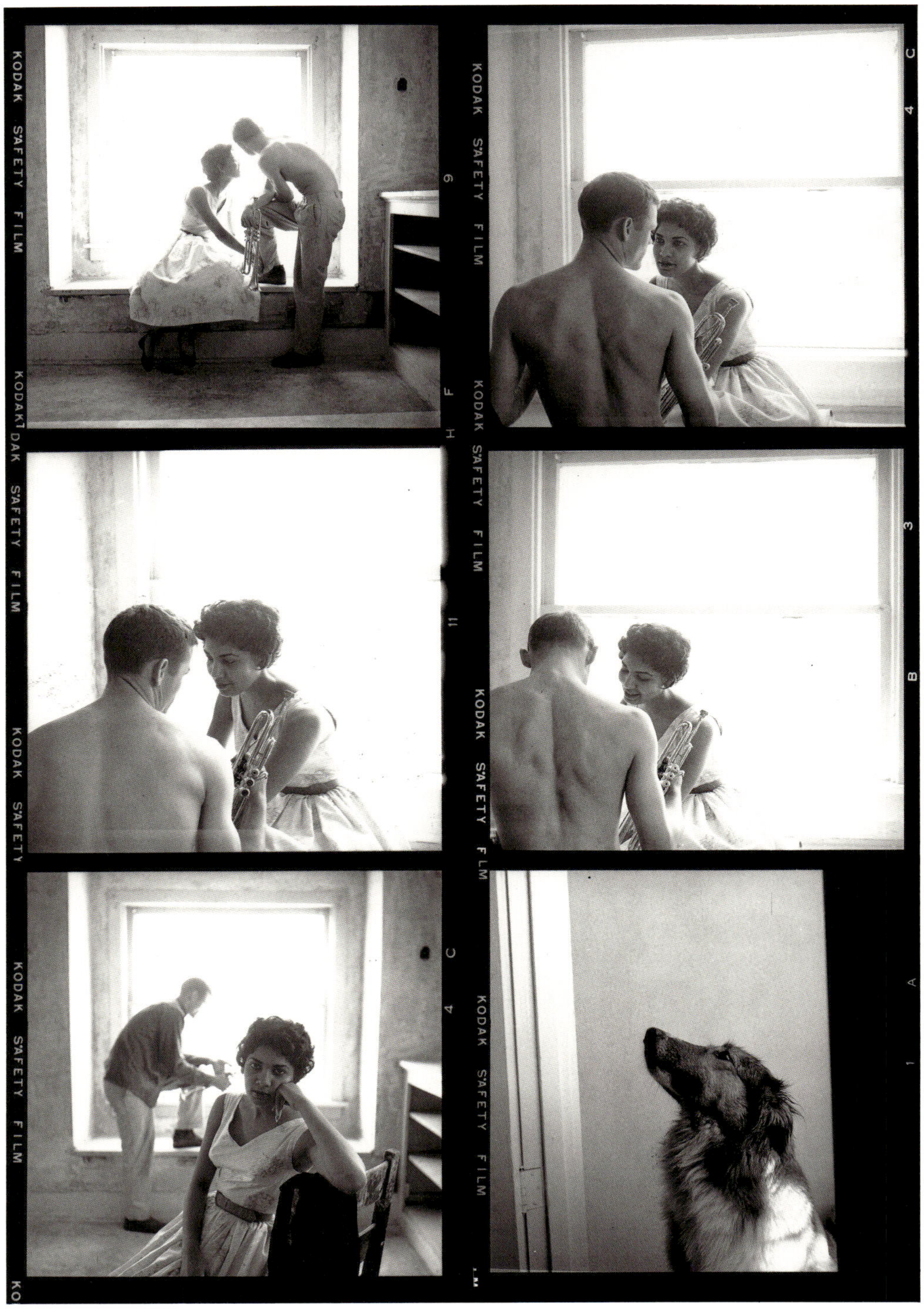
KODAK SAFETY FILM

Helima und Chet. Redondo Beach, Kalifornien, 1955.

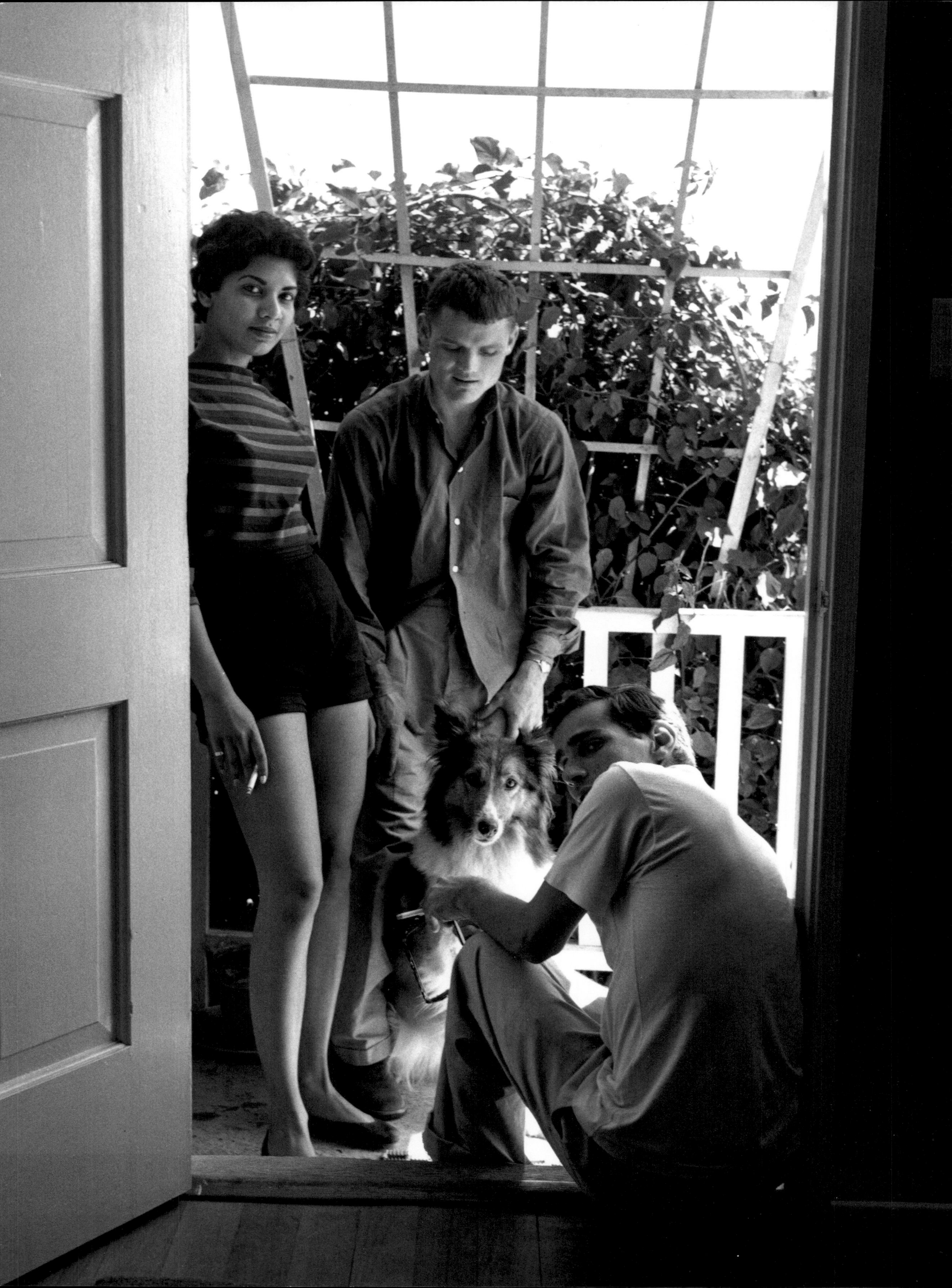

Chet und Bix.

Seite 84 Helima, Chet, Schlagzeuger Peter Littman und Chets Hund Bix, Redondo Beach, 1955.

Seite 86/87 Chets 54er Caddy und seine »Ax«.

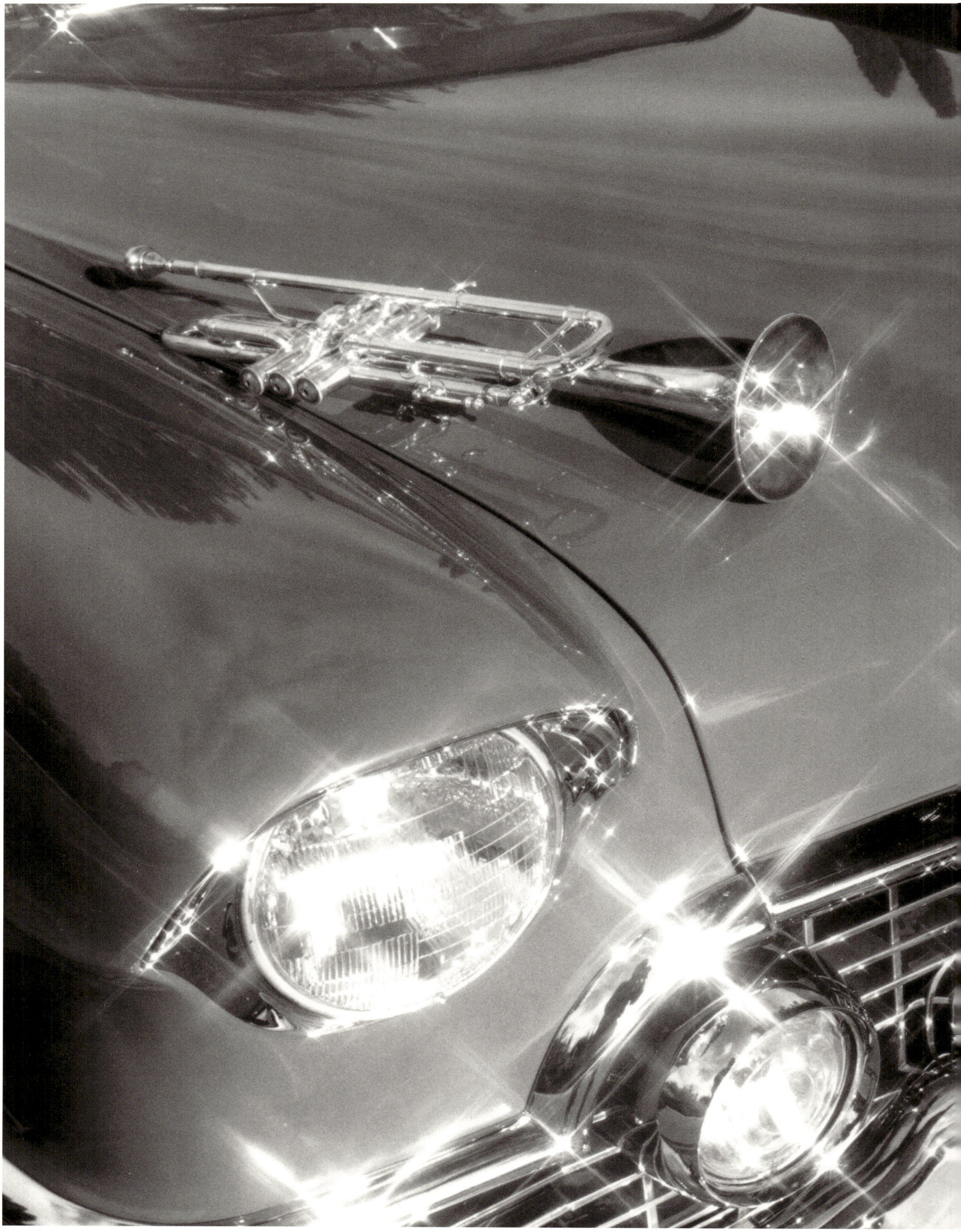

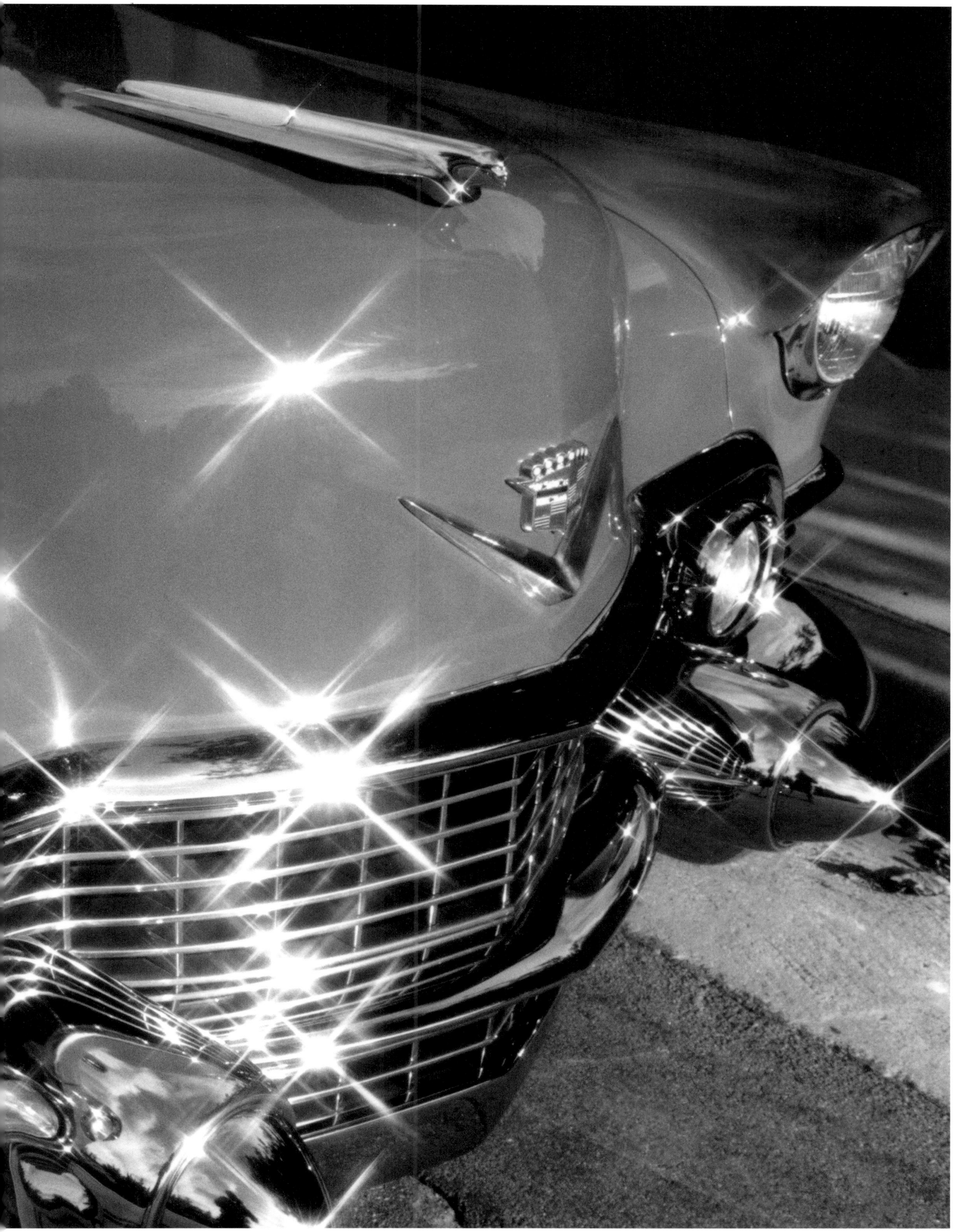

Chet und seine Prioritäten

CHET war ein höflicher Mensch, jedenfalls immer dann, wenn ich dabei war. Außerdem war er absolut egoistisch – wenn auch meistens auf eine sehr liebenswerte Art. In schwierigen Situationen pflegte er höflich zu lächeln, um dann genau das zu tun, was *er* eigentlich hatte tun wollen.

Wir waren wieder einmal auf dem Highway, wir kamen von einem Konzert in San Diego. Natürlich saß Chet am Steuer, und ich glaube, gemessen an seinen Gewohnheiten ließ er es sogar einigermaßen »ruhig angehen«, das heißt, er hielt die Geschwindigkeit seines funkelnagelneuen Wagens so eben unter 100 Meilen pro Stunde. Cindy, eine neue Freundin, saß auf dem Rücksitz, und alle paar Meilen bat sie Chet, doch mal eben anzuhalten, damit sie zur Toilette gehen könne. Jedesmal antwortete Chet: »Aber sicher, Baby«, und fuhr ungerührt weiter. So ging das über viele Meilen. Schließlich kam von *ihm* der Vorschlag, wir sollten doch mal irgendwo anhalten, weil er »eine kleine Pause brauche«.

Später lagen wir in seinem Motelzimmer herum, aßen Hamburger, schlürften Erfrischungsgetränke, rauchten einen Joint und entspannten uns an diesem heißen Sommerabend. Chet hatte die Tür zu seinem Zimmer offengelassen und ließ sein Auto nicht aus den Augen. Nach einer Weile fragte ich ihn: »Sag mal, Chet, was sind für dich die wichtigsten Dinge auf der Welt?« Cindy hatte die Frage gehört und schlüpfte zurück ins Zimmer, um auf seine Antwort zu warten. Lächelnd ließ Chet sich in sein Kopfkissen zurücksinken. »Also, Clax, so genau weiß ich das auch nicht. Meine Trompete, denke ich« – er nahm seine Trompete und hielt sie hoch – »und mein neuer Caddy – und – ja, meine Musik natürlich. Ich glaube, das wär's auch schon.« Als Cindy das hörte, wurde sie stinkwütend. »Aha. Vielen Dank, *Mister* Baker!« Sie stürmte hinaus auf den Parkplatz und trommelte mit den Fäusten auf dem Kotflügel des funkelnagelneuen Cadillacs herum. Chet sah mich an, schüttelte den Kopf und lächelte. Dann rief er hinaus auf den Parkplatz: »Ich hab ja meinen Hund ganz vergessen! Meinen guten alten Bix, den hab ich besonders lieb!«

(von oben) Lawrence Marable, Schlagzeug, Chet, Conte Candoli und Norm Faye.

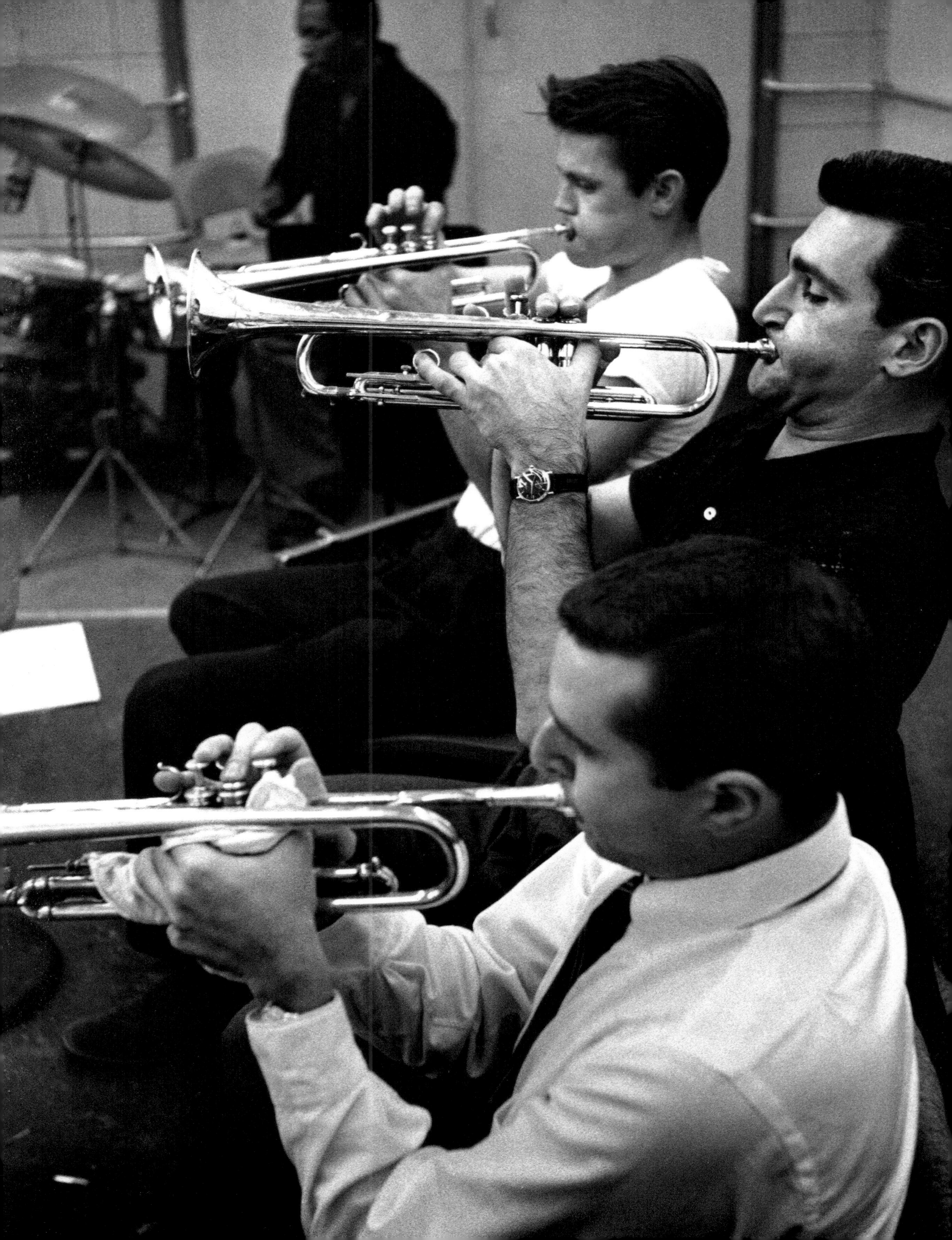

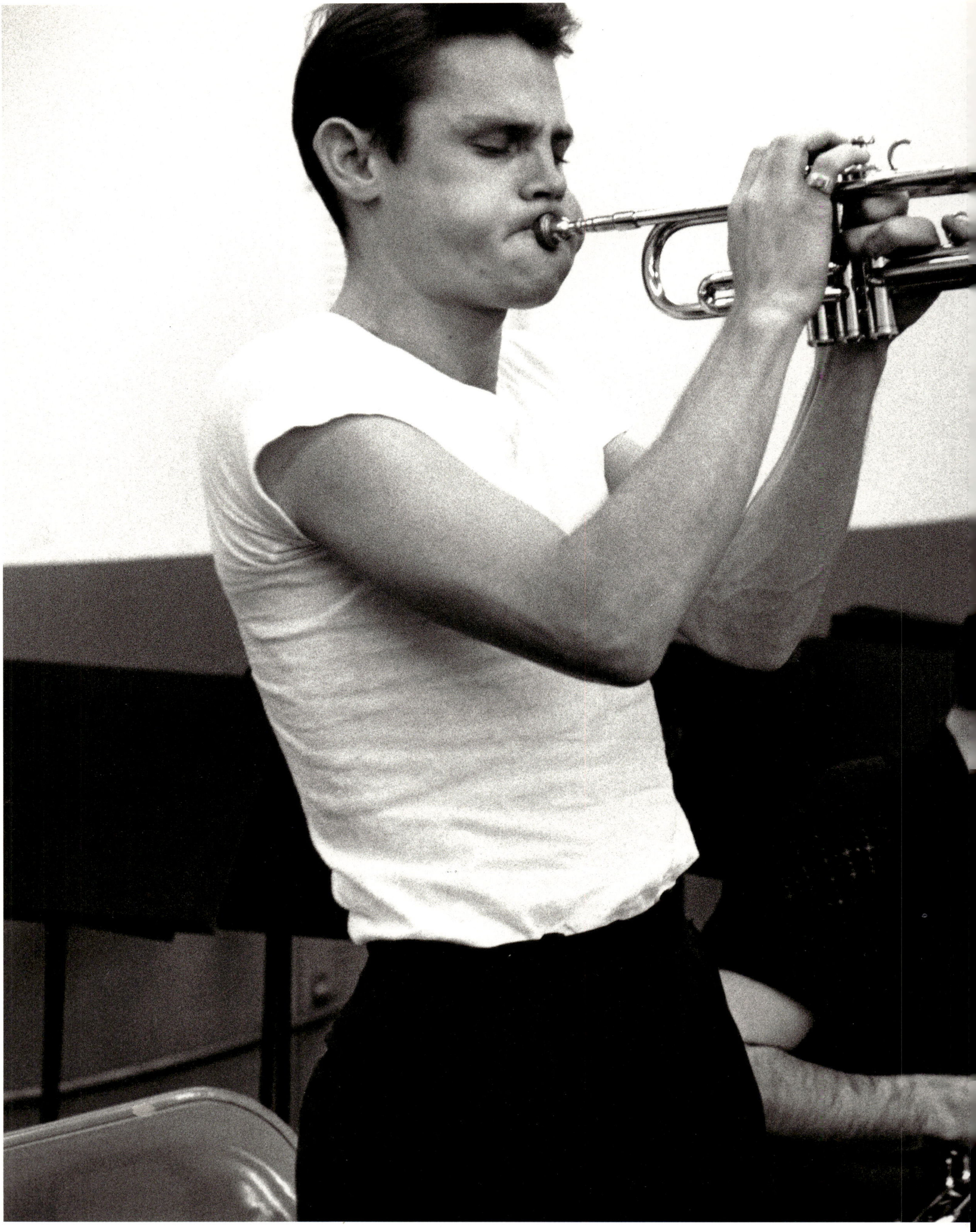

Während Chet fleißig an einer schwierigen Passage übt, scherzen Conte Candoli und Norm Faye miteinander.

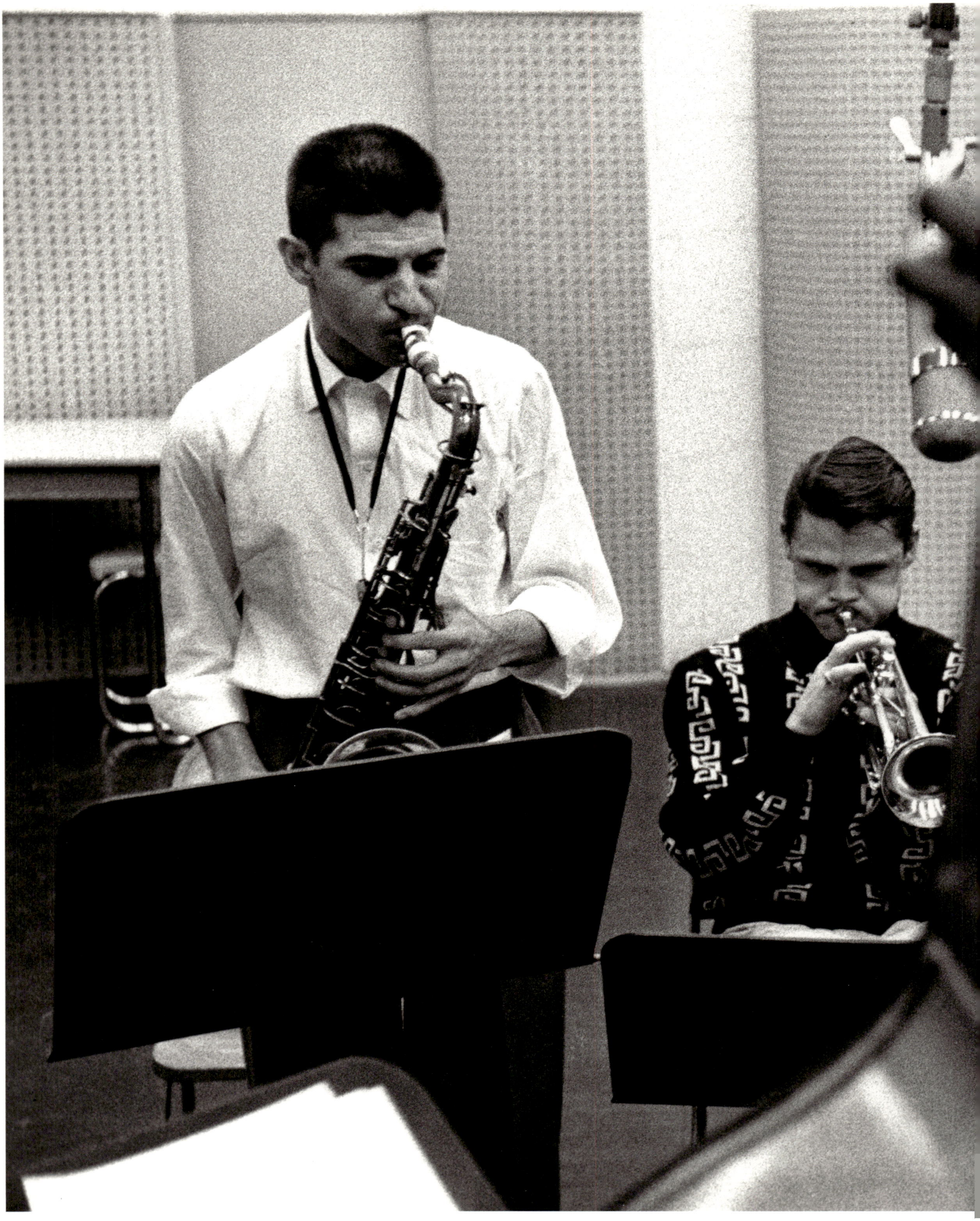

(von links nach rechts)
Phil Urso, Chet,
Art Pepper und Bassist
Curtis Counce.

Chet und die Androgynie

JEDER, der Chet kannte, zweifelte keinen Augenblick daran, daß er heterosexuell war. Chet wurde von den Frauen geliebt und von den Männern bewundert; aber er wurde auch von Männern geliebt und von Frauen bewundert. Es war verständlich, daß Frauen ihn und seine Kunst mochten. Er sah gut aus, wirkte dabei unschuldig, jungenhaft und sexy. Aber ich glaube, die Männer mochten ihn, weil er männlich und doch sensibel war und keine Angst hatte, seine Sensibilität zu zeigen – eine Freiheit, um die ihn viele Männer beneideten. Männer, die keine Probleme mit ihrer eigenen Sexualität hatten, konnten Chet und seine Kunst ganz offen bewundern, aber bei manchen Männern hatte man den Eindruck, daß sie ihn als labil, kleinkariert und kraftlos erlebten, weil sie sich tief im Inneren ihrer Psyche der eigenen Sexualität nicht sicher waren.

Wie viele Stars wirkte Chet beinahe geschlechtslos, sobald er auf der Bühne stand. Er war weder maskulin noch feminin, wenn er sang; sein Geschlecht spielte keine Rolle. Er war ein Künstler, der sein Herz in einer Botschaft ausschüttete, mit der beide Geschlechter sich identifizieren konnten. Man muß sich nur einmal anhören, wie Chet den Text von *My Buddy* singt oder die Worte in *But Not For Me* phrasiert. Was spielt das Geschlecht da noch für eine Rolle.

Nach einem Picknick mit Helima und mir stimmte Chet seine Gitarre und sang für uns.

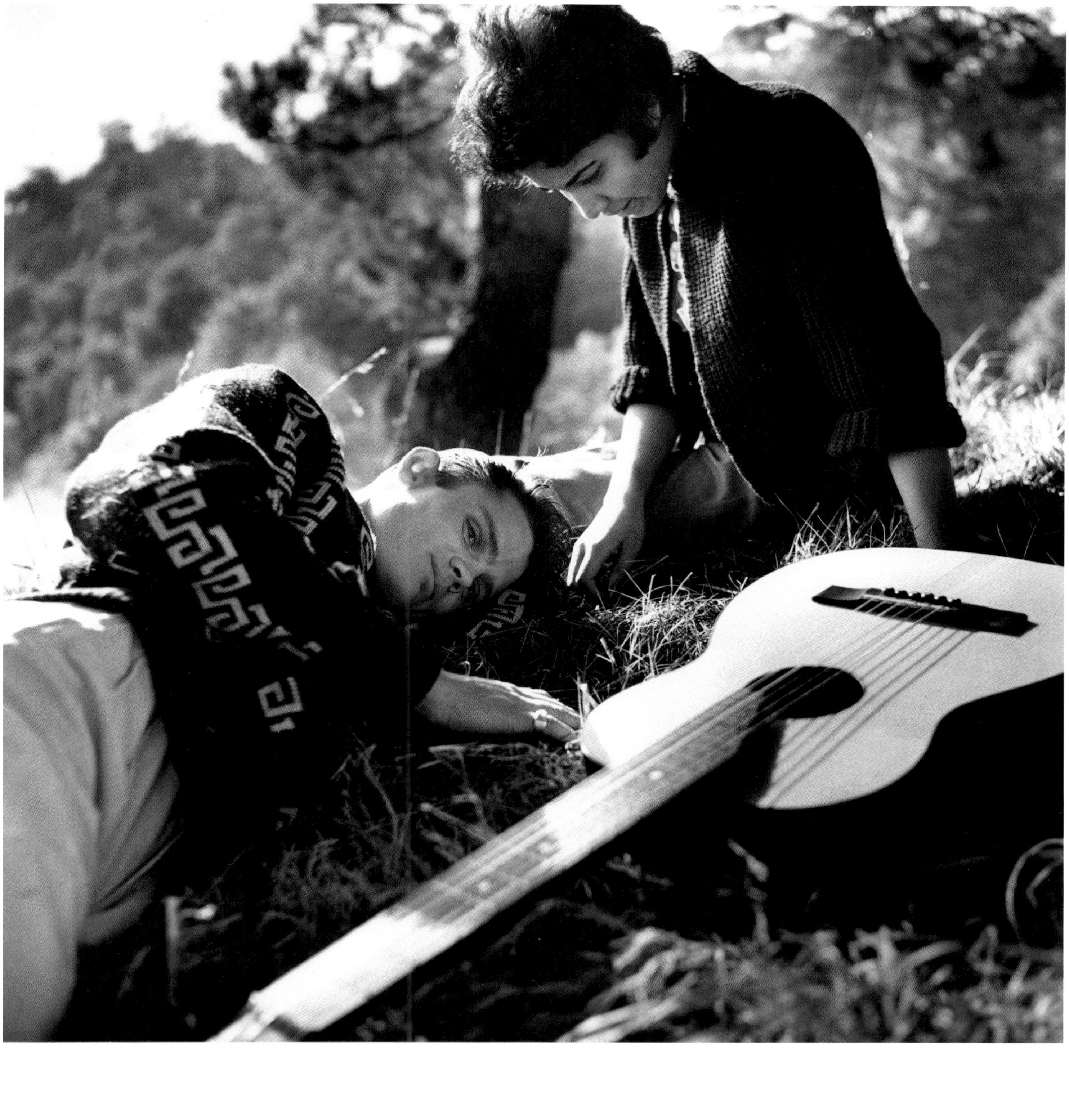

Chets Quintett
mit Phil Urso,
Tenorsaxophon;
Bobby Timmons,
Piano; Jimmy Bond,
Bass, und Peter Littman,
Schlagzeug, bei ihrem
Auftritt in der Fernseh-
show *Stars of Jazz* mit
Gastgeber Bobby
Troup. Hollywood,
im Jahr 1956.

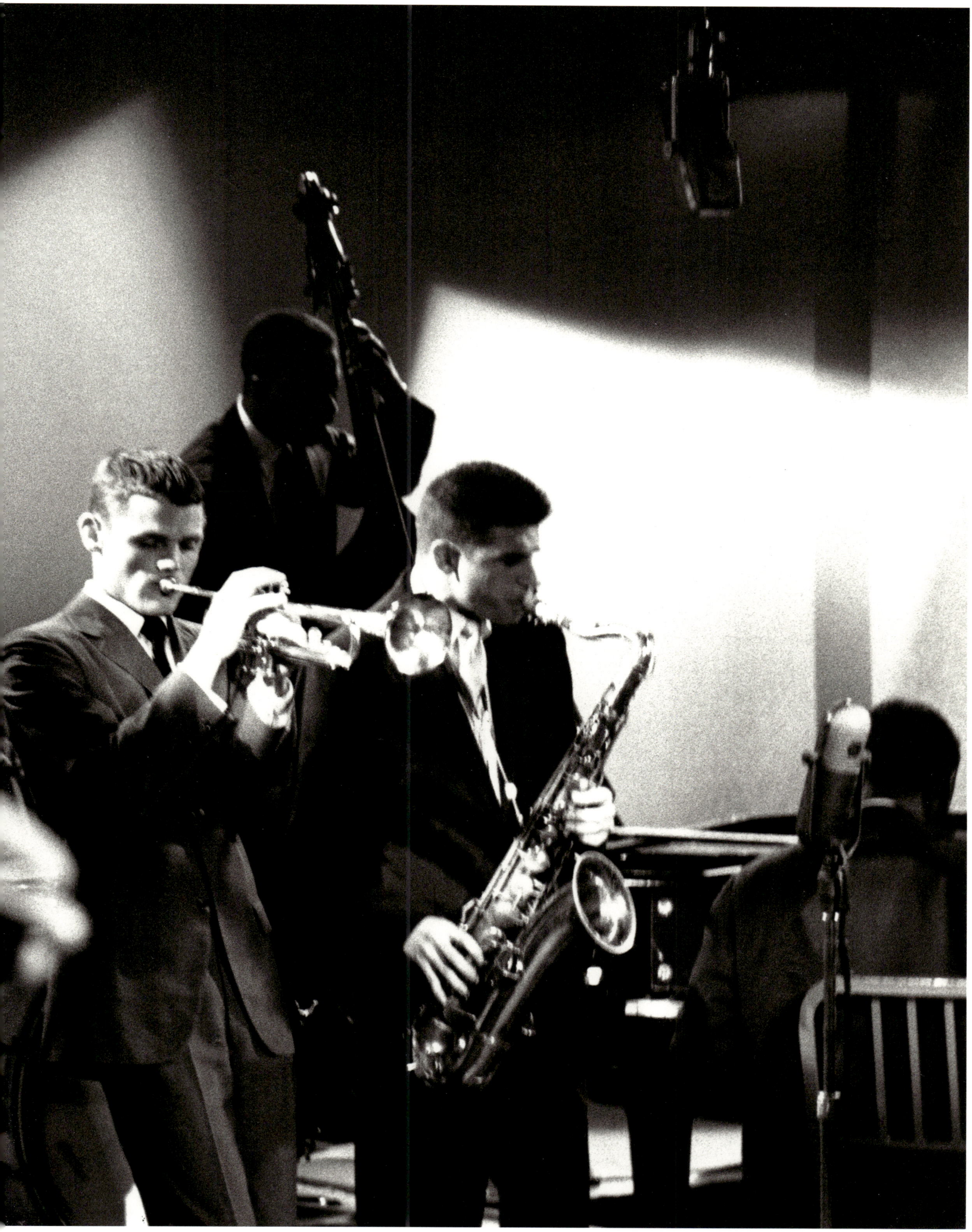

Nach der erfolgreichen ersten Europatournee nimmt Chet im Forum Theater in Los Angeles sein Album »Chet Baker and Crew« auf. Produzent Dick Bock hatte die außerordentlich guten akustischen Qualitäten des ausgedienten Theaters entdeckt.

Seite 100/101
Chet, Phil Urso und Bill Loughbrough auf der Bühne des Forum Theatre.

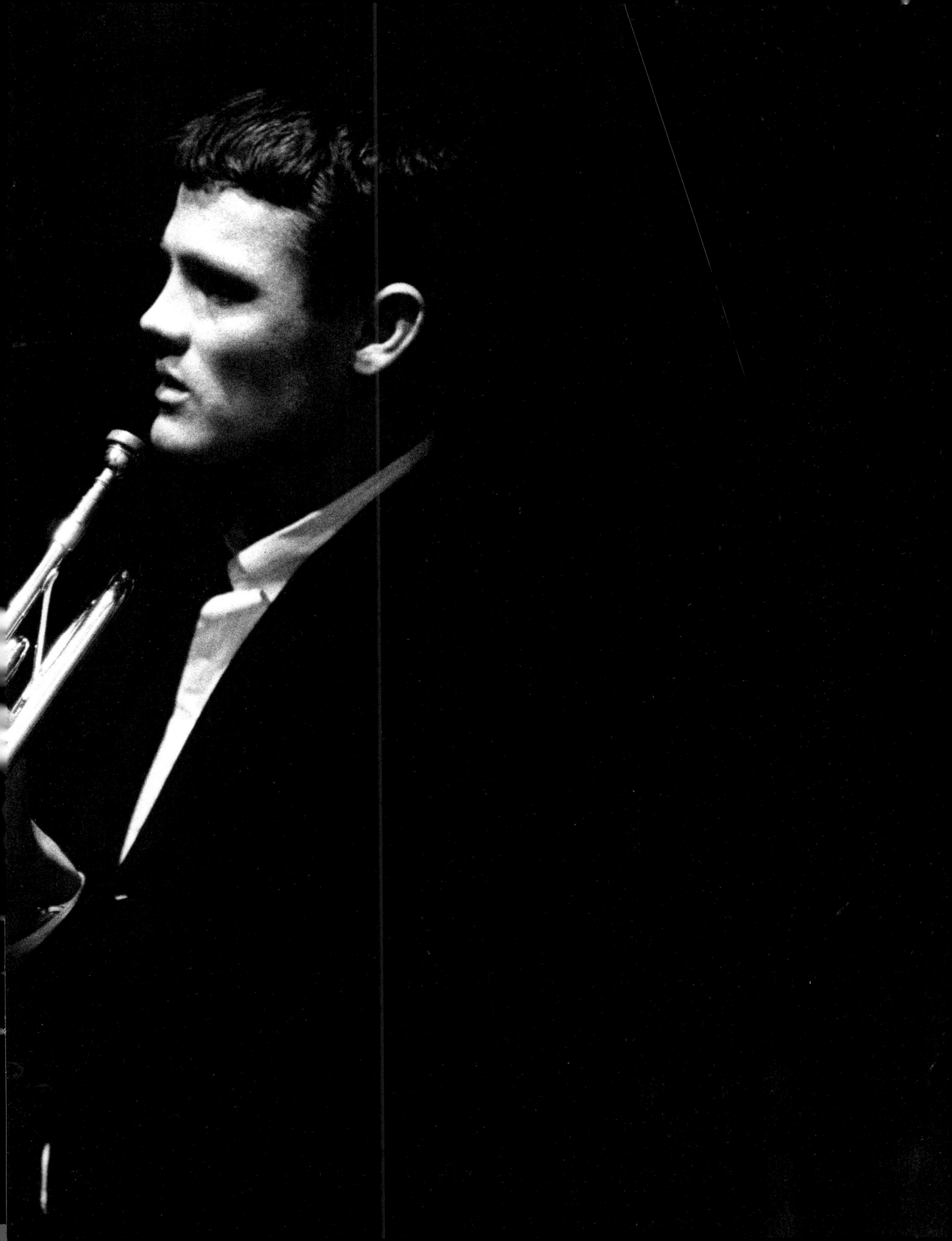

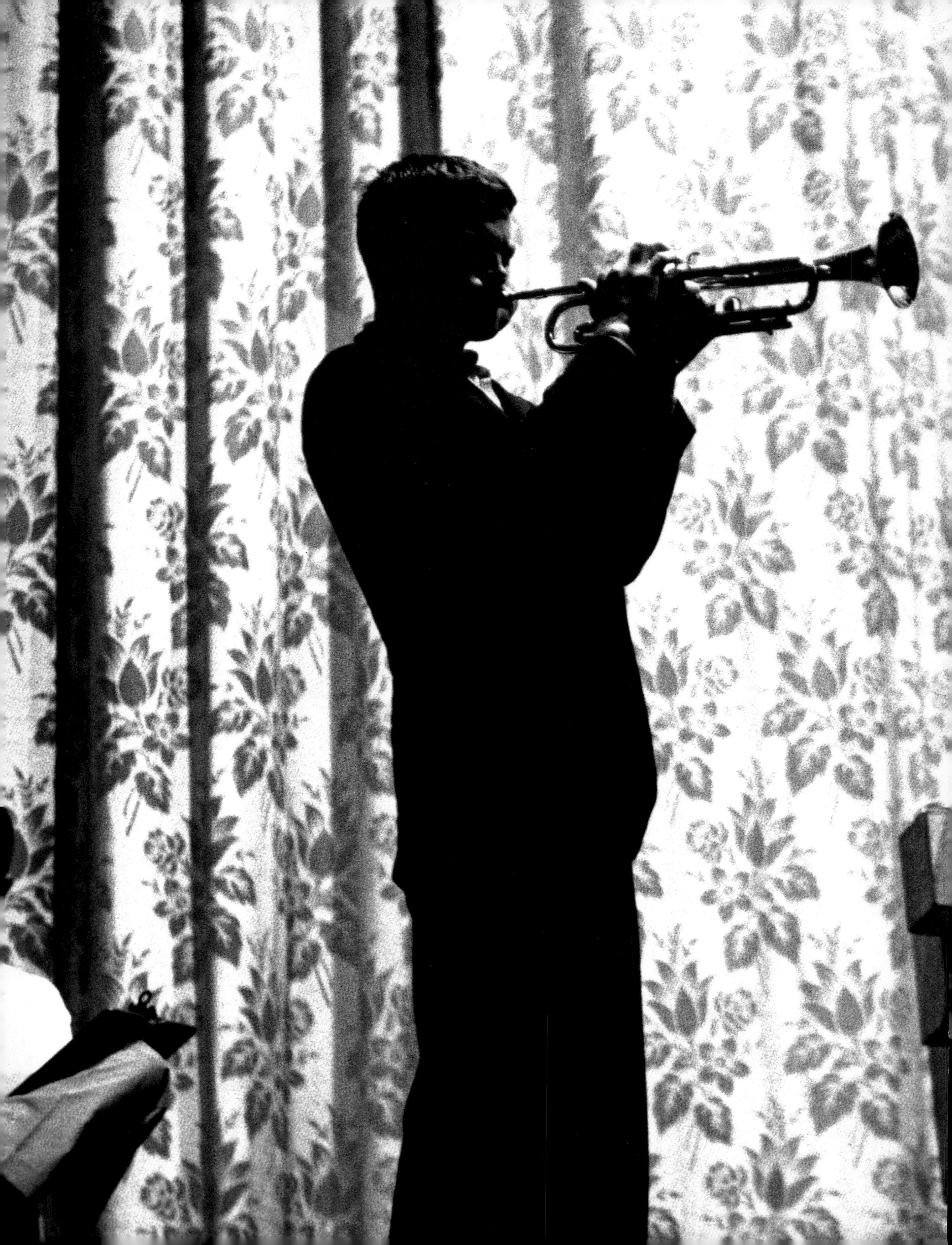

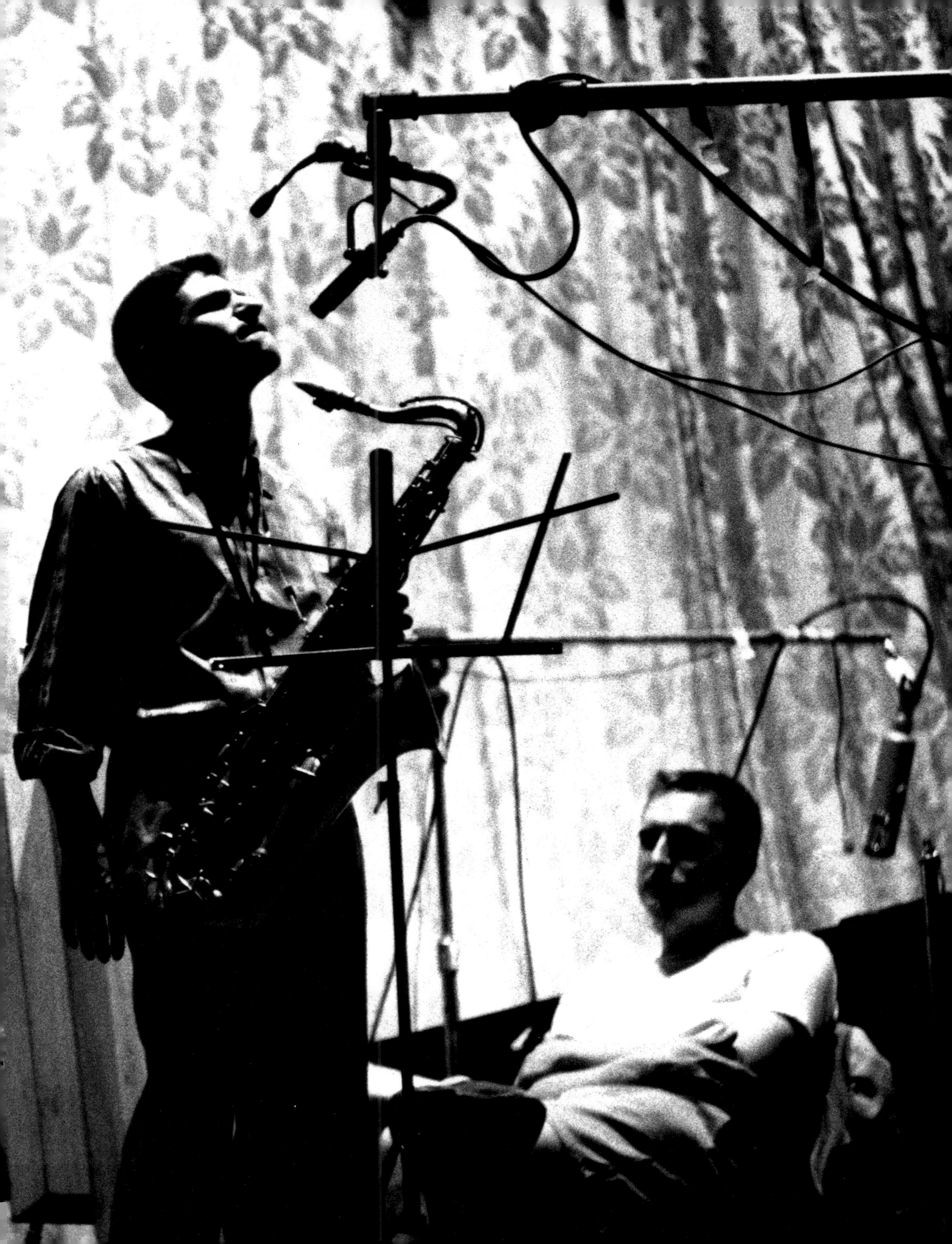

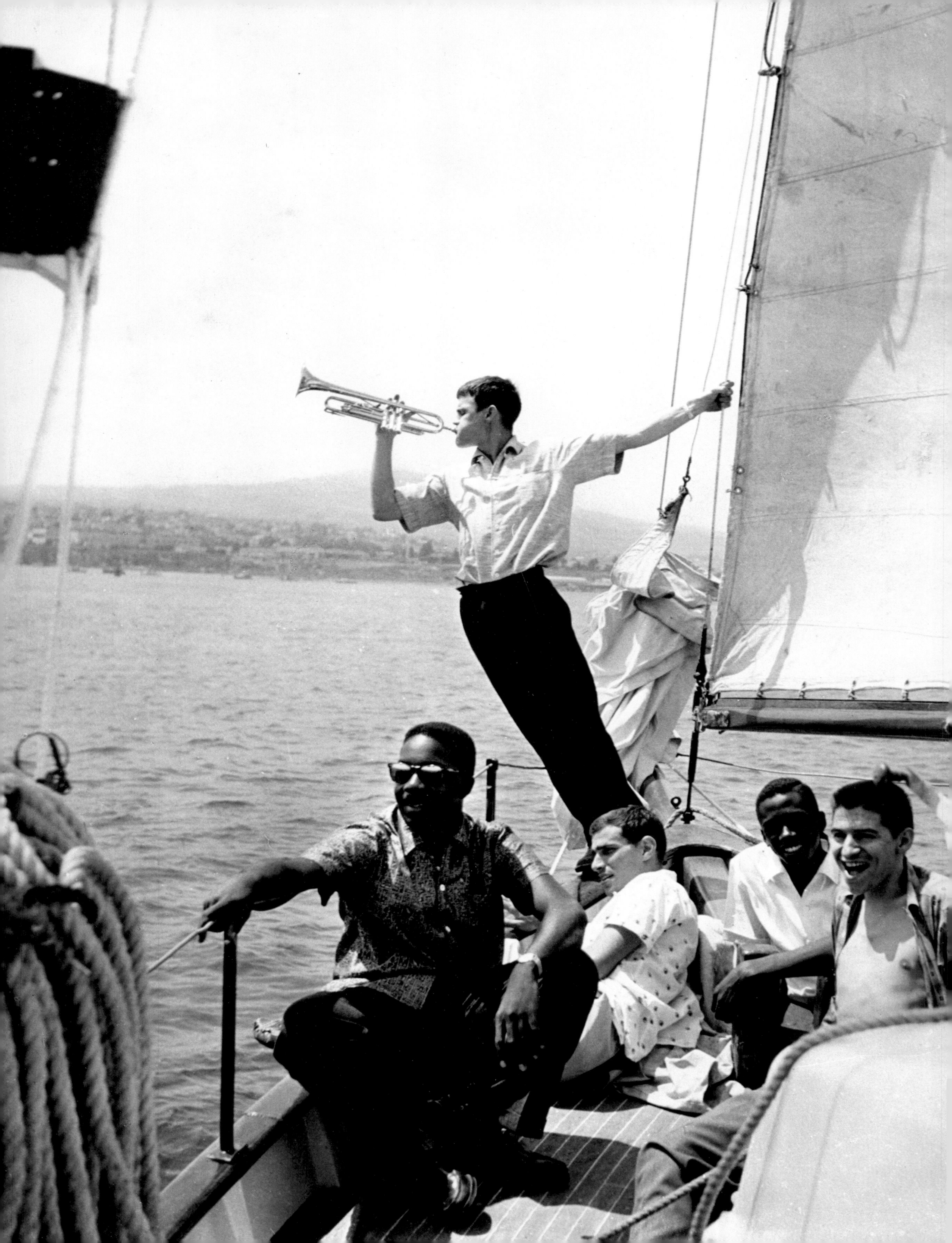

Chets Quintett auf der Santa Monica Bay, bei einer Segelpartie für das Cover zum Album »Chet Baker and Crew«. Mit an Bord: Phil Urso, Bobby Timmons, Jimmy Bond und Peter Littman.

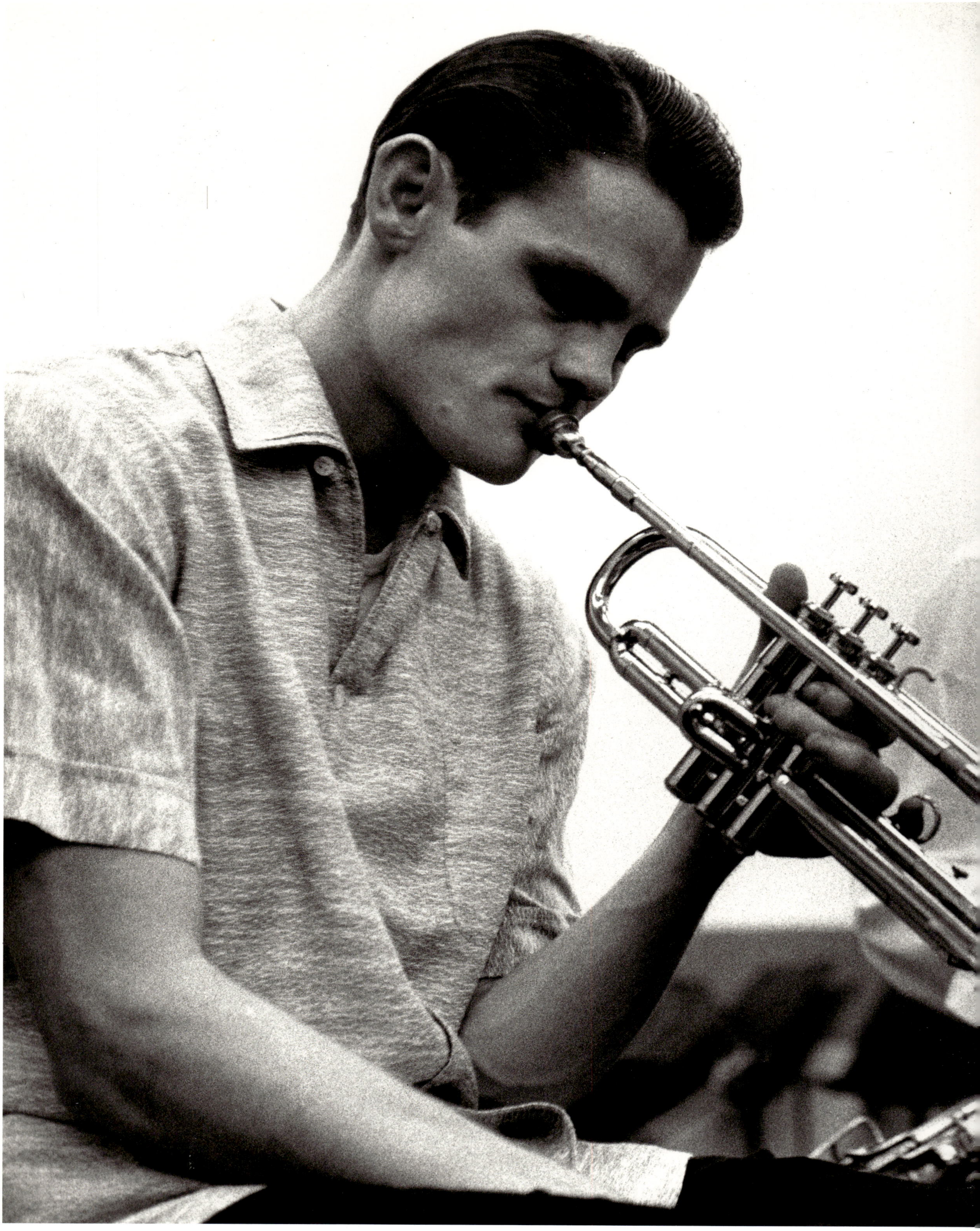

Chet bei Aufnahmen
mit Phil Urso,
Los Angeles, 1957.
Als ich dieses Photo
machte, fiel mir auf,
daß Chet nicht
besonders gut aussah.
Er hatte sich verändert.
Der strahlende,
gesunde Ausdruck
war aus seinem Gesicht
verschwunden.

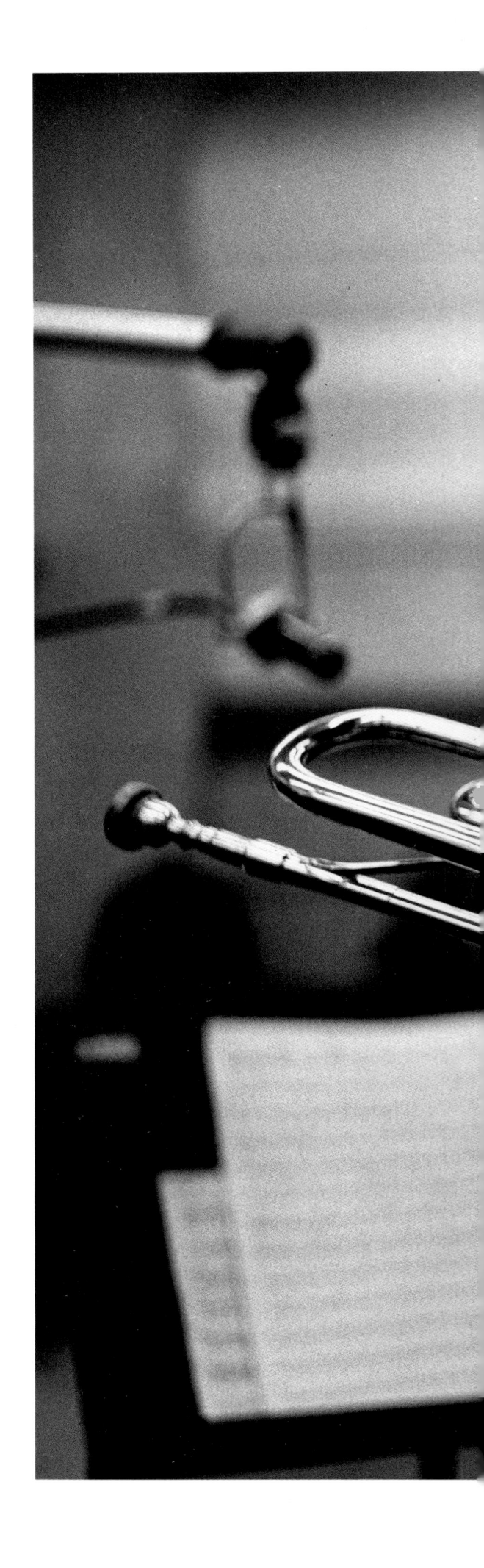

Während dieser Plattenaufnahme bemerkte ich zum erstenmal,
daß der Chet Baker, den ich kannte, sich veränderte und auf dem
Weg in eine andere Welt war – eine Welt der Abhängigkeit.
Die Drogen übernahmen das Regiment. Doch trotz aller
Beeinträchtigung klang seine Musik noch außergewöhnlich gut.

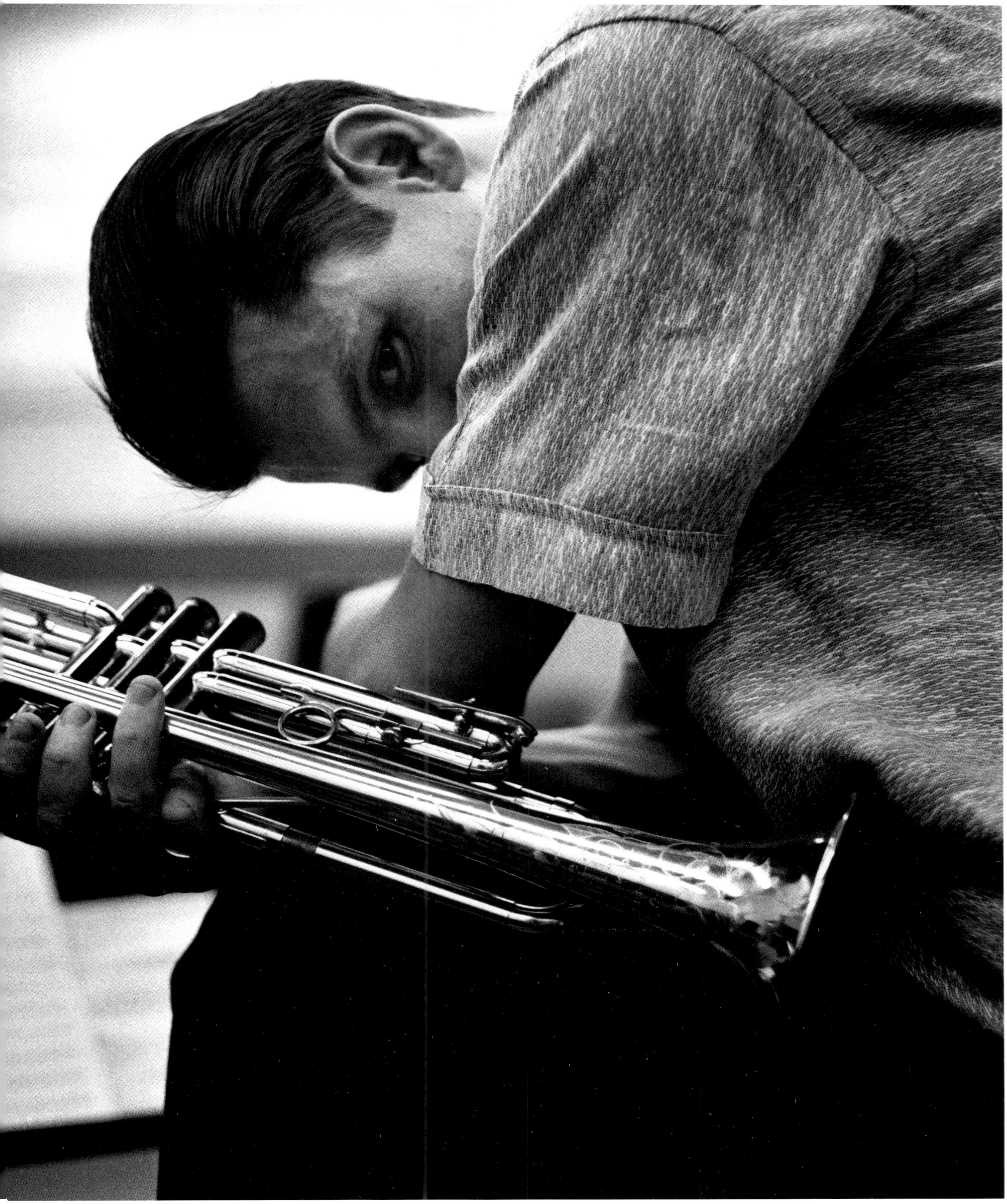

Chet Baker
starb
am 13. Mai 1988.
Wie es scheint,
ist er aus seinem
Hotelfenster
gestürzt.
Die Polizei
kam zu dem
Ergebnis, daß
sein Tod
ein Unfall
war.

Aber
ich werde Chet immer
in Erinnerung behalten,
als jungen Mann
mit seiner Trompete,
träumend und
in seine Zukunft
blickend.

William Claxton

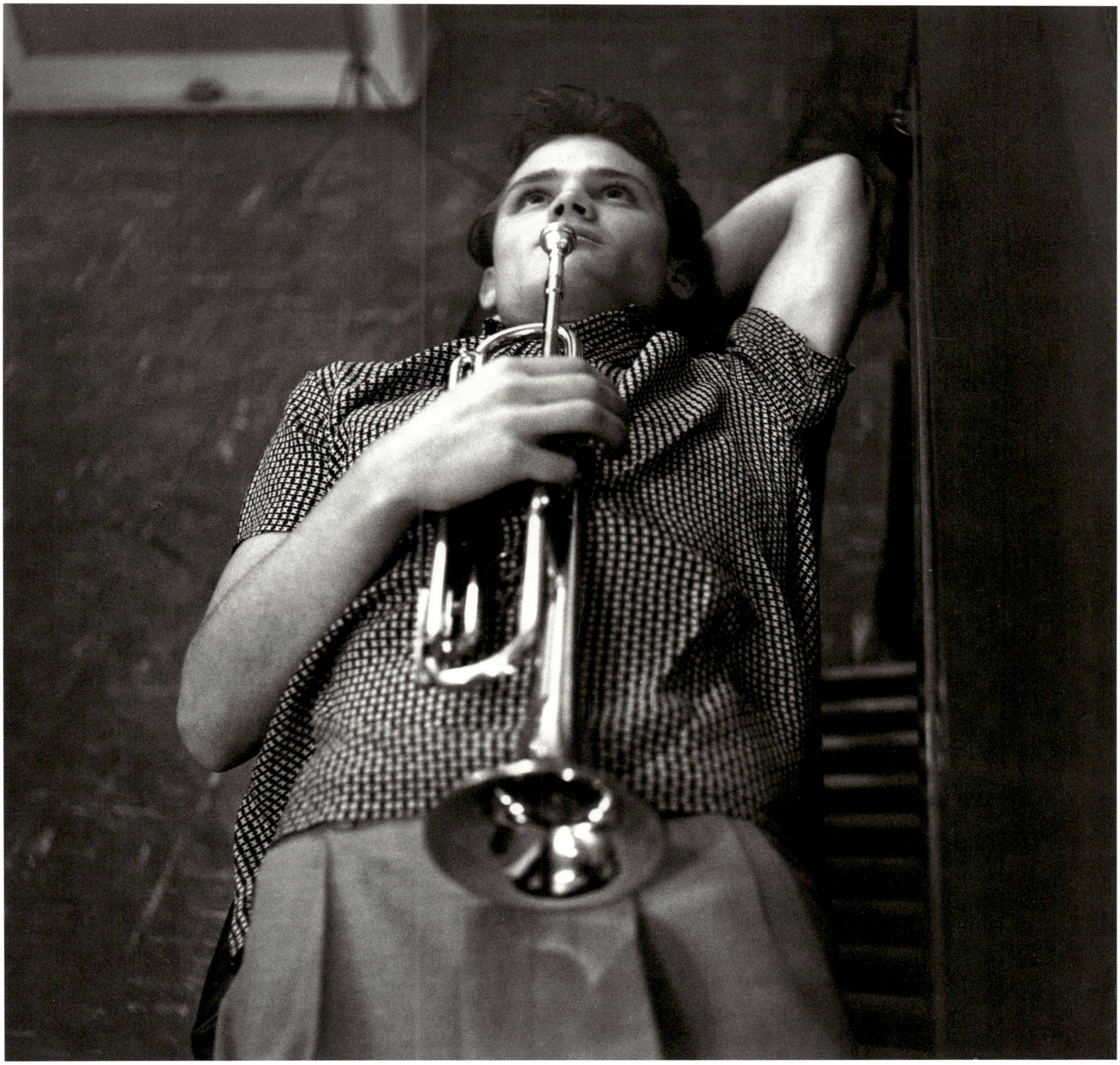

Dank

Die Photographie ist zwar eine sehr persönliche Sichtweise, aber man braucht die Hilfe vieler Leute, wenn man diese Sichtweise als Buch veröffentlichen will.

Danken möchte ich:

Jean-Philippe Allard von PolyGram Jazz in Paris, der den Keim einer Idee in Wirklichkeit verwandelte; Russ Freeman für seine künstlerischen Fähigkeiten und die erstaunlich präzise Erinnerung an seine Zeit mit Chet; Bob Comden, dessen hingebungsvolle Beschäftigung mit Chet und seiner Arbeit alles an den rechten Platz rückte; Dotty Woodward, die seit den frühen Tagen von Pacific Jazz Records dabei ist; Carol Baker, Chets tapferer Witwe; Michael Cuscuna und Charlie Lourie dafür, daß sie mir gestattet haben, kurze Passagen aus den Aufnahmeprotokollen für die Mosaic Langspielplatten MR4-113, MR4-122 und MR5-102 zu verwenden, die mir als Gedächtnisstützen bei Aufnahmedaten und Besetzungen dienten; Elizabeth F. Little und Larry B. Whitford von *Chet's Choice*, dem Mitteilungsblatt, das mich immer daran erinnerte, welch ungeheure emotionale Wirkung Chet Baker auch heute noch auf seine Zuhörer ausübt; Joan Brookbank, meiner Literatur-Agentin, die als erste mit diesem Projekt an Verlage herantrat; den photographischen Labors, die mir dabei halfen, gute Abzüge herzustellen: Don Weinstein's Photo Impact (und dort besonders Noreddine El-Warari), Silver Lab und Jack Voorzanger; meinem Freund und Computer-Lehrer John Morgan; Michael Imlay, der meine Grammatik und meine Interpunktion auf ein zivilisiertes Niveau brachte,

sowie

Christian Caujolle, Direktor der Agentur VU in Paris, für sein großes Engagement und Lothar Schirmer, der letzten Instanz, die dieses Buch Wirklichkeit werden ließ;

vor allem jedoch meiner Frau Peggy Moffitt Claxton, deren Inspiration und kreative Einfälle meine Arbeit jedesmal etwas interessanter und origineller machen.

Chets »Ax« und sein 54er Caddy.

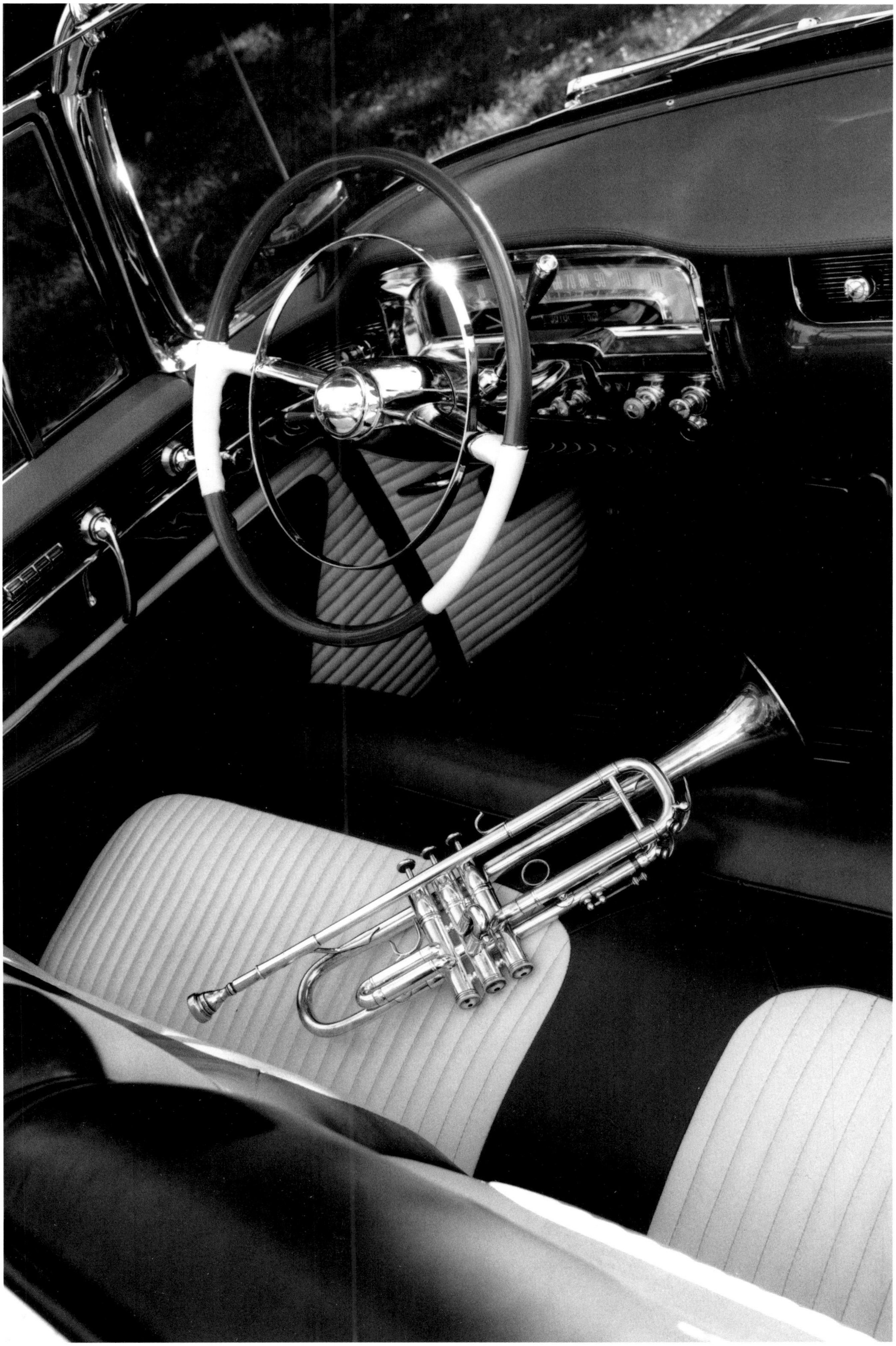

Die Texte von William Claxton wurden aus dem Englischen
übertragen von Walter Ahlers
Das Vorwort von Christian Caujolle wurde aus dem Französischen
übertragen von Susanne Farin

Die Deutsche Bibliothek – Cip-Einheitsaufnahme
Claxton, William:
Young Chet: der junge Chet Baker / photogr. von William Claxton.
Mit Texten von William Claxton und einem Vorw. von Christian Caujolle. [Die Texte von William Claxton übertr. Walter Ahlers aus dem Amerikan. Christian Caujolles Einf. übers. Susanne Farin aus dem Franz.]. – München; Paris; London: Schirmer-Mosel, 1993
ISBN 3-88814-698-4

© der Photographien 1993 bei William Claxton
© der Texte 1993 bei den Autoren
© dieser Ausgabe bei Schirmer/Mosel München 1993
Alle Rechte, auch die des auszugsweisen Nachdrucks
und der photomechanischen Wiedergabe, vorbehalten.

Lithos: O.R.T. Kirchner GmbH, Berlin
Satz: Typ-O-Graph, München
Druck: Appl, Wemding
Bindung: Fikentscher, Darmstadt

ISBN 3-88814-698-4
Eine Schirmer/Mosel Produktion